Ihre Reside
Paradies

Ihre Residenz im Paradies

Globaler Immobilienkauf am Beispiel Florida

Andrea Hoff-Domin

1. Auflage 2014 – Deutsch
2. Auflage 2016 – Deutsch, ergänzt

Fotos Florida Dream Homes Realty LLC
Landkarte von Microsoft Map Point
Logos von der National Association of Realtors
Coverfoto von Microsoft Office

ISBN: 0986252905

ISBN-13: 978-0-9862529-0-7

WIDMUNG

Dieses Buch ist meiner Patentante in meiner Geburtsheimat gewidmet. Sie hat mir immer geholfen, wenn es erforderlich war. Sie hat stets ein offenes Ohr für mich und offene Arme für eine liebevolle Umarmung.

Information zum Autor:

Geboren am 6. Oktober in Niedersachsen, Deutschland. Sie verlor ihren Vater als Baby und das Leben mit dem Stiefvater war nicht einfach. Bücher über fremde Länder und deren Kulturen waren ihre Flucht aus diesem Familienalltag und weckten ihre Begeisterung für die weite Welt. Die Großeltern und besonders der Großvater hatten großen Einfluss auf sie. Er war Architekt und nahm sie mit auf seine Baustellen oder sie saß zu seinen Füßen, wenn er Häuser zeichnete. Schon damals entwickelte sich die Leidenschaft zu Immobilien, die sie heute mit ihrer internationalen Brokerage in Florida beruflich umsetzt. Sie gilt heute als Florida Experte.

Um sich ihren Lebenstraum ‚Florida' zu erfüllen, macht sie zunächst Karriere als Finanzierungsprofi in einer Großbank und renovierte Wohnungen. Während dieser Zeit begann sie in diversen Magazinen und Internetportalen zu publiziert. Ihr Leben hat sie nach ihrem Lebensmotto „Tu es oder tu es nicht; es gibt kein Versuchen" ausgerichtet (Star Wars – Yoda).

www.florida-dream-homes.net
www.andreahoffdomin.com
andrea@florida-informations.com

Inhalt

DIE IMMOBILIENKAUFTRANSAKTION IN DEN VEREINIGTEN STAATEN – BEISPIEL FLORIDA

Sie leben nur einmal –
machen Sie das Beste daraus!

Können Sie sich noch erinnern - vor einigen Jahren gab es eine Fernsehwerbung von einem großen Bankinstitut in Deutschland mit dem Slogan „Mein Haus, mein Boot …“, den Rest erspare ich mir. Die Motivation für das Bankinstitut war sicher jedem klar, neue Kunden für Ihre Produkte zu finden. Doch denken Sie ein wenig weiter. Hat diese Aussage nicht auch bei Ihnen das Interesse nach einem tollen Haus geweckt? Vielleicht auch einem Boot in einer traumhaften Umgebung mit Sonne und Wasser?

Wäre es nicht toll, eine Immobilie mit Boot zu haben irgendwo, wo das Leben interessant und das Wetter warm ist? Die Sonne lacht täglich vom Himmel. Der eigene Pool glitzert im Garten und lockt Sie. Das kühle Nass ist nur einen Katzensprung entfernt. Dies alles in einer tropischen Umgebung im Halbschatten von Palmen, die mit Ihren Palmwedeln Ihnen Kühlung zufächeln. Klingt das nicht paradiesisch für Sie?

In einem solch tropischen Ambiente ist das Boot ein alltägliches Accessoire zum Haus. Und das Beste daran – das Boot wartet im eigenen Garten am Privatdock auf Sie, wenn die offene See Sie ruft. Hören Sie das Meer? Es ruft Sie zur nächsten großen Fahrt.

Vielleicht denken Sie, dass ist nicht erschwinglich. Das ist nur ein Traum. Doch Träume sind unsere beste Inspiration im Leben und sie werden wahr, wenn wir es nur wollen und mit Leidenschaft und Beständigkeit danach streben.

Leidenschaftliche und erfahrene Wegbegleiter auf dem Pfad zu unserem Traum werden den Weg ebnen und uns helfen, unseren Traum wahr werden zu lassen. Das ist meine

Erfahrung und ich strebe jeden Tag nach meinen Träumen und Zielen.

Sicher fragen Sie sich jetzt wie? Und wo? Und vor allem was kostet der ganze Spaß? Ist das auch sicher oder ist es wieder so eine unsichere Seifenblase, bei der ich meinen Einsatz verliere? Wo ist der Haken? Will mich hier wieder jemand über den Tisch ziehen?

Haben Sie den Mut, sich auf Ihren Traum einzulassen. Lesen Sie weiter und finden Sie für sich heraus, wie Sie Ihren Traum wahr werden lassen. Sie haben in dieses Buch investiert, um sich Ihren Wunsch zu erfüllen und zum anderen, um auf Nummer sicher zu gehen, damit Sie die Fallen und Hürden auf Ihrem Weg zum Traumziel vermeiden. Außerdem werden Ihnen die Tipps und Tricks in diesem Buch viel Geld ersparen. Dieses ersparte Geld können Sie in Ihre neue Traumimmobilie oder in ein neues Hobby – Ihr neues Boot – investieren. Es gibt viele schöne Dinge zu entdecken und zu erobern.

Die Anregungen und Details, die Ihnen in diesem Buch vorgestellt werden, sind aus Sicht eines lizensierten Real Estate Brokers beschrieben. Sie sind fokussiert auf den Immobilienkauf im Ausland und deren Investmentnutzen. Als Beispiel ist Florida gewählt.

Warum gerade Florida? Es ist das ideale Fleckchen Erde zum Leben wie im Paradies und Ihr Investment ist in diesem Land so sicher wie bei Ihnen zu Hause.

Der Sunshine State Florida liegt in den Vereinigten Staaten und ist ein Magnet im internationalen Immobilienbusiness. Florida ist aufgrund seines guten Klimas und seines Lifestyles eines der bekanntesten und beliebtesten Lebens- und Urlaubsziele in der ganzen Welt.

Beim Immobilienerwerb steigen Sie in dieses internationale Immobilienbusiness ein.

Es gelten die Immobiliengesetze der Vereinigten Staaten und Floridas. Diese sind für Immobilieneigentümer – das gilt auch für nicht US-Bürger - sehr vorteilhaft und lukrativ. Der Geldtransfer in die Vereinigten Staaten ist einfach und sicher. Die wirtschaftliche Lage ist stabil.

Sie werden in diesem Buch viel Wissenswertes und Nützliches erfahren, damit Ihr Traum von „Ihre Residenz im Paradies" in Erfüllung geht. Bitte betrachten Sie dieses Buch auf keinen Fall als einen Do-It-Yourself Ratgeber.

Der internationale Immobilienmarkt unterscheidet sich stark von Ihrem Heimatland. Diese Unterschiede sind vielfältig und dürfen nicht unterschätzt werden.

Keine Immobilie gleicht einer anderen. Jedes Traumhaus hat seine eigenen verborgenen Schätze und birgt für jeden einen anderen Nutzen. Dieses Buch erklärt und beschreibt die wichtigsten Informationen und Details, um Ihnen die Wahl Ihrer Traumimmobilie zu erleichtern und Ihre Kauftransaktion erfolgreich zu machen.

Es gibt keinen homogenen Immobilienmarkt und es gibt nicht nur einen Preis für ein Haus. Jede Neighborhood (=Wohnviertel), jede Stadt und jede Region (=County) hat seine eigenen Reize und seinen eigenen Mikro-Immobilienmarkt. Es ist für jeden Interessenten etwas dabei. Es gilt nur das richtige und besondere für Sie zu finden.

Um diese Perle im „Heuhaufen" zu finden, werden Sie um einen lokalen, kompetenten und versierten Immobilienspezialisten nicht herumkommen. Nur er hat das notwendige Wissen und die Erfahrung, dass zu finden was Sie suchen.

Aber das kostet doch viel Geld – sagen Sie?

Im Gegenteil – mit dem richtigen lokalen Broker oder Agent (vergleichbar mit einem Makler in Deutschland) werden Sie nicht nur Ihre Traumimmobilie finden, sondern können auch viel Geld sparen und in der Zukunft verdienen.

Das glauben Sie nicht, weil Sie in Deutschland nicht so gute Erfahrungen mit Maklern gemacht haben?

Auf diese Bedenken gibt es viele Antworten, die wir hier erörtern werden. Ein lokaler Broker oder Agent in den Vereinigten Staaten kennt alle notwendigen Details für Ihr Projekt „Traumimmobilie" und spricht häufig auch Ihre Sprache. Für Sie als Käufer ist dieser Service kostenlos, weil die Kosten für diese Services vom Verkäufer bezahlt werden.

Na, sind Sie neugierig? Dann lassen Sie uns gleich einsteigen in Ihr Projekt

„Ihre Residenz im Paradies".

Leben Sie Ihren Traum am Beispiel Florida

Sicher fragen Sie sich, warum ausgerechnet Florida? Warum nicht Spanien oder Süd-Frankreich oder Mexiko zum Beispiel oder irgendein anderes Land, das direkt vor der Haustür Ihrer Heimat liegt?

Ganz einfach, ich lebe schon seit Jahren in Florida. Der Sunshine State bietet viele Attraktionen und wunderschöne tropische Landschaften und Naturschutzgebiete. Tiere, die Ihnen häufig nur vom Zoo bekannt sind, gehören zu Ihren Nachbarn und besuchen Sie regelmäßig in Ihrem Garten.

Florida ist ein sehr sicheres Land. Nicht nur für Ihre persönliche Sicherheit, sondern auch für Ihr Investment. Die Immobilieneigentumsrechte sind vergleichbar denen in Europa mit einigen Abweichungen.

Der Immobilienmarkt der Vereinigten Staaten und besonders in Florida ist stabil und für einen Einstieg in diesen Investmentbereich zurzeit immer noch günstig. Sie können noch Ihr Immobilien-Schätzchen finden.

Bevor wir uns in den Immobilienmarkt vertiefen, lassen Sie uns ein wenig dieses tropische Paradies genauer betrachten und herausfinden, warum Florida auch für Sie das Land der Träume sein kann.

Der Sunshine State Florida ist so vielfältig, so dass für jeden etwas dabei ist. Es kommt nur darauf an, dass Sie den ersten Schritt machen, um Ihre Träume wahr werden zu lassen. Der zweite und jeder weitere Schritt ist viel leichter und erledigt sich wie von selbst. Glauben Sie mir, es wird Ihnen hier gefallen.

Ich möchte außerdem gern mit einigen Vorurteilen aufräumen, die Ihnen über Florida sicher schon zu Ohren gekommen sind.

Die Medien – Fernsehen, Zeitungen und Zeitschriften – sind meist schnell mit Sensationsberichten und den passenden Bildern zur Hand, aber diese Bilder zeigen nicht in jedem Fall die Realität.

Sensationen mit großem Schaden und möglichst vielen Verletzten und Toten verkaufen sich besser als Bilder, auf denen die Zusammenarbeit und das Miteinander der Betroffenen abgebildet sind. Und das ist auch Realität, die in den Medien nicht verbreitet wird und daher wenig bekannt ist.

Im Falle eines Naturereignisses lernen Sie erst richtig die Freundlichkeit und den Gemeinschaftssinn der Amerikaner kennen. Jeder hilft jedem ohne Ausnahme.

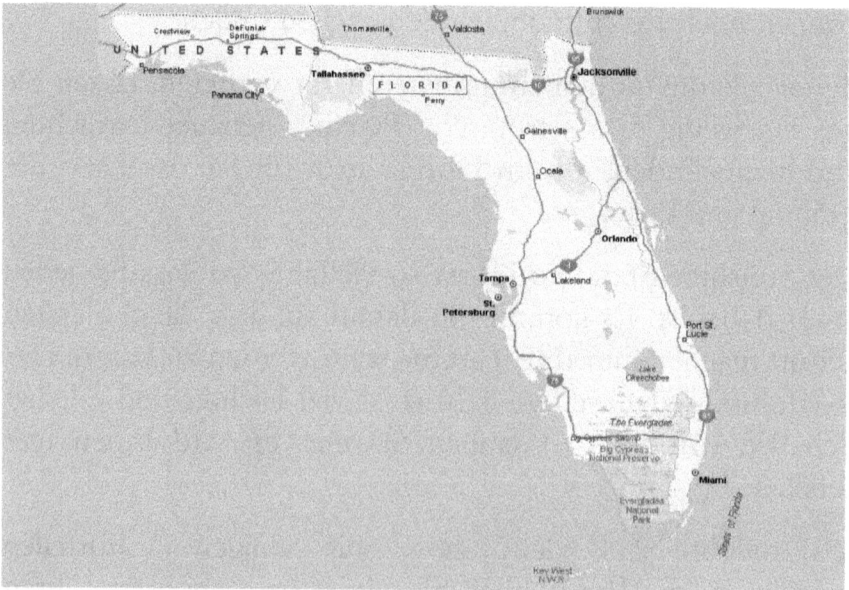

Florida – der südlichste Punkt der Vereinigten Staaten

Der Staat Florida ist seit 3. März 1845 ein Teil der Vereinigten Staaten. Von seiner Angliederung an die Vereinigten Staaten bis zum Start des Eisenbahnbaus Ende des 19. Jahrhunderts träumte Florida in seinem Dornröschenschlaf, weil das Potential des Staates noch nicht erkannt wurde. Erst der Eisenbahnmagnat Flagler entdeckte die Vorzüge des Staates als Ferienparadies.

Er baute seine erste Eisenbahnlinie von New York nach West Palm Beach. Das war der Startschuss für die Entwicklung des Ferienparadieses Florida. Entlang seiner Eisenbahnlinie entstanden die ersten großen Hotels, die jedes Jahr zur Winterzeit von den Touristen aus den nördlichen Staaten in Scharen gebucht wurden. Der Sunshine State Florida als Ferienparadies war geboren.

Dieses Ferienparadies war zunächst nur für die Reichen und Superreichen erschwinglich, die hier den kalten, schneereichen Wintern entflohen. Sie machten es schon damals wie die Vögel, die auch jedes Jahr in den Süden ziehen, um den kalten Temperaturen zu entgehen.

Dieses menschliche Reiseverhalten hat sich bis heute verstärkt und diese Einwohner auf Zeit haben sogar einen eigenen Namen: Sie sind die „Snowbirds" und starten jedes Jahr Ende Oktober ihre Reise in den Süden.

Der letzte Haltepunkt der ersten Bahnlinie im Süden war West Palm Beach. Wer damals weiter nach Süden reisen wollte, hatte entweder den beschwerlichen Weg durch die Sümpfe auf holprigen Wegen vor sich oder fuhr mit der früher existierenden Schifffahrtslinie zur Cutler Bay im Süden von Miami oder auch bis nach Key West.

Die ersten Siedlungen im Süden von Florida waren Fort Lauderdale, Miami und selbstverständlich Key West. Miami und Fort Lauderdale waren zunächst Post- und Handelsstationen, aus denen die heutigen Metropolen erwuchsen. Die Verbindung dieser Außenposten erfolgte stetig und mit wachsender Geschwindigkeit.

Der Traum des Eisenbahnindustriellen Flagler, die erste Eisenbahnlinie entlang der Ostküste der Vereinigten Staaten von New York bis nach Key West zu bauen, war noch nicht erfolgreich umgesetzt. Erst im Jahr 1912 kurz vor seinem Tod war die Bahntrasse mit Endpunkt Key West vollendet und es gab die erste Verbindung vom Festland bis zum südlichsten Punkt der Vereinigten Staaten - Key West.

Bis zu diesem Zeitpunkt war das ehemalige Piratennest nur mit dem Schiff zu erreichen. Durch diese isolierte Lage war und ist Key West seit seiner Entstehung etwas Besonderes. Dieses Flair des Besonderen ist heute immer noch zu spüren und die Piratenvergangenheit wird gehegt und gepflegt.

Mit Fertigstellung der Eisenbahnlinie in Key West war die gesamte Ostküste des Sunshine States bequem von den nördlichen Staaten zu erreichen und die Entwicklung zum Ferienparadies und Winterresidenz wuchs und wächst auch heute noch stetig.

Die Bahnlinie nach Key West bestand bis 1935. Bei einem Hurrikan am 2. September 1935 wurden Teile der Bahntrasse zerstört und weggespült. Die Überreste dieser Bahnstrecke sind als Monumente noch heute erhalten.

Aus Kostengründen ist die Bahnstrecke nicht wieder aufgebaut worden, sondern wurde mit einer Straße ersetzt – dem Federal Highway US 1. Dieser Highway endet genau im Stadtzentrum von Key West.

Der Federal Highway – auch Overseas Highway genannt – ist die Schlagader nach Key West, auf der Waren transportiert werden und die Besucher anreisen. Die Fahrt über diesen Highway mit seinen vielen Brücken nach Key West ist ein Erlebnis und ist unbedingt bei der Entdeckertour „Florida" zu empfehlen.

Seit diesen frühen Anfängen hat sich Florida mehr und mehr zu einem Ferien- und Reiseparadies gemausert. Der Tourismus mit seinen angrenzenden Industrien wie zum Beispiel Kreuzfahrtbranche, Hotels und Restaurants sind bis heute die wichtigsten Wirtschaftsindustrien.

Mehr und mehr siedeln sich weitere Industriezweige an aus den Bereichen Gesundheit, Medizin- und Weltraumforschung und beeinflussen die Wirtschaftsentwicklung des Staates positiv.

Die neuen Marktteilnehmer kommen nicht nur aus den Vereinigten Staaten, sondern auch europäische und andere internationale Gesellschaften haben Florida als Wirtschaftsstandort entdeckt.

Vor einigen Jahren hat sich das Max-Planck-Institut in West Palm Beach mit einem Forschungszentrum niedergelassen.

Viele, viele Fragen zu Florida …

Dieser kleine Exkurs hat Sie sicher neugierig gemacht und die ersten Fragen zum Thema des Buches liegen Ihnen sicher auch schon auf der Zunge. Wir können nicht ein Gespräch Auge in Auge führen. Jedoch haben meine Berufserfahrung und der ständige Kontakt mit meinen Kunden bei der Umsetzung Ihrer Immobilienträume mich mit einer großen Fragensammlung beschenkt.

Die eine oder andere Frage wird auch durch Ihren Kopf

schweifen und die Antwort wird Ihnen helfen die richtige Entscheidung für die Erfüllung Ihres Traumes zu treffen.

Mit den richtigen Daten und Fakten ist Ihr Lebenstraum „Ihre Residenz im Paradies" einfacher und erfolgreich umzusetzen.

Ist Florida ein interessanter Zweitwohnsitz für Sie?

Auf diese Frage gibt es viele Antworten und für mich wird die Antwort anders lauten als für Sie. Ihre Prioritäten für ein Ferienparadies kenne ich nicht, daher gebe ich Ihnen meine Einschätzung wieder.

Für mich ist Lifestyle und Spaß am Leben wichtig und deshalb fokussieren wir uns auf diesen Lebensbereich. Florida ist auf diesem Gebiet ganz vorn.

Das Wetter, das Wasser und die unendlich langen Strände machen Florida zu einem Paradies, von denen es nur wenige auf der Welt gibt.

Das Wetter ist ein Highlight in diesem Staat. Die Sonne scheint fast jeden Tag. Der Himmel ist blau mit mal mehr, mal weniger Schäfchenwolken. An der Küste weht meist eine leichte Brise vom Ozean und sorgt für ein Wohlfühlklima. Das Wasser ist klar und warm mit Wellen, die sanft an den Strand rollen.

Die jährliche Durchschnittstemperatur liegt nachts bei 20 Grad und tagsüber bei 28 Grad Celsius. Die Temperaturen im Winter fallen nachts selten unter 15 Grad und am Tag selten unter 24 Grad Celsius, damit entsprechen diese Wintertemperaturen in Florida einem mäßig warmen Sommer in Deutschland.

Bei diesen Temperaturen und dem subtropischen Klima weht ein leichter Wind, der für angenehme Kühlung sorgt. Besonders die typischen Florida-Häuser nutzen diese natürliche Kühlung aus.

Auch haben die Häuser hier Klimaanlagen, die das Hausinnere angenehm temperiert halten. Für die schnelle Abkühlung nach einem aktiven Tag ist im Garten ein Swimming-Pool vorhanden und die größte Badewanne der Welt – der Atlantische Ozean – ist auch nicht weit.

Der Himmel hat alle Farbschattierungen anzubieten - von Baby blau bis zu sattem Tiefblau. Wenn die Sonne abends im Meer versinkt, ist der Horizont in unzählige Rotschattierung getaucht. Solche Momente lassen sich am besten mit einem Glas Champagner genießen.

Ein weiteres Highlight ist die Lage Floridas. Der Sunshine State ist eine Halbinsel, die auf drei Seiten vom Meer umschlossen ist. Diese Lage beschert Florida eine der längsten Küstenlinie der Vereinigten Staaten und die vielen Strände sind das Aushängeschild des Sunshine State.

An der Ostküste ist der Atlantik, der mit seinen Wellen für Wellenreiter und Kite Surfer genau das richtige ist. Das Leben und Entertainment pulsiert heftig in den südlichen Metropolen Miami und Fort Lauderdale.

Der Golf von Mexico auf der Westküste der Halbinsel ist ruhig und leise plätschern die Wellen hier an den Strand. Auf dieser Seite der Halbinsel ist alles ruhiger und beschaulicher.

Um einen Vergleich zu nutzen, entspricht die Westküste am Golf von Mexiko der Ostsee oder dem Mittelmeer in Europa, während die Ostküste mit dem Atlantik mit seinen Wellen und den Gezeiten der Nordsee gleichkommt.

Wenn Sie zu den Wasser- und Sonnenliebhabern gehören, dann ist Florida für Sie genau der richtige Platz, um Ihr Leben in vollen Zügen zu genießen.

Was macht Florida besonders attraktiv für Sie?

Für den Europäer aus den gemäßigten Klimazonen ist Florida ein Sonnen- und Ferienparadies, das mit seinen Stränden und Wasser für jeden etwas bietet.

Es besteht hier nicht das vage Versprechen eines Sommers. Hier ist der Sommer das ganze Jahr und jeden Tag aufs Neue. Die Sonne strahlt vom Himmel und selbst die Wintermonate sind keine Ausnahme.

Wenn in Europa die Pelzmützen, lange Schals, Wintermantel und Stiefel angesagt sind, brauchen Sie in Florida allenfalls eine Strickjacke am Abend, wenn die Abendbrise zu frisch wird. Ansonsten sind T-Shirts, leichte Hosen und Badebekleidung mit Flip-Flops der richtige Dresscode. Es herrscht hier das Motto Easy-Going und leben und leben lassen.

Neben dem Wasser und Strand bietet Florida viele andere Aktivitäten und Attraktionen. Florida ist bekannt für seinen Tennissport und seine vielen Golfplätze.

In den Städten locken viele Museen und Kunstgalerien die Besucher an. Außerdem finden in vielen Städten Festivals und Events statt, bei denen Sie viel über Land und Leute lernen können.

Auch Ausflüge mit Wanderungen und Vogelbeobachtungen in die vielen Naturparks sind Highlights der beschaulichen Unterhaltung.

Für die Entertainment-Liebhaber ist Orlando mit seinen vielen Entertainment-Parks genau das richtige.

Wer Wissenschaft und Raumfahrt liebt, findet in Cape Canaveral und dem Kennedy Space Center das ultimative Abenteuer.

Dies sind nur einige Highlights, die Sie hier in Florida erwarten und es kommen täglich neue dazu. Sie werden sich hier bestimmt nicht langweilen.

Sind die Temperaturen für Sie angenehm?

Die Lage von Florida lässt die Temperaturen in den meisten Teilen des Landes nie unter null Grad Celsius fallen. An der Südspitze der Halbinsel sind die Temperaturen stets im zwei-stelligen Plusbereich. Im Winter sind die Florida Temperaturen vergleichbar den Temperaturen eines mäßig warmen Sommers in Europa.

Die Temperaturen im Norden des Landes liegen im Jahres-Durchschnitt bei 26 Grad Celsius, während die Temperaturen im Süden im Durchschnitt 2 Grad höher bei 28 Grad Celsius liegen.

Die Nachtemperaturen im Norden des Staates liegen bei ca. 14 Grad im Jahres-Durchschnitt, während im Süden die Temperatur nicht unter 20 Grad fällt. Also sind die Temperaturen das Jahr hindurch angenehm warm.

Die Wassertemperaturen liegen im Jahres-Durchschnitt bei 23 bis 27 Grad Celsius.

Die Messung der Temperaturen ist hier in Celsius beschrieben, allerdings werden in Florida Temperaturen in Fahrenheit gemessen und angegeben. Eine Wassertemperatur von 23 Grad Celsius ist demnach 73.4 Fahrenheit und die Lufttemperatur von 26 Grad Celsius entspricht 78.8 Fahrenheit.

Diese angenehmen Temperaturen sind auch der Grund, dass viele Besucher im Winter nach Florida kommen und hier dem kalten Klima des Nordens entkommen wollen. Diese Besucher flüchten für 6 Monate in die südliche Sonne Floridas.

Sie machen es wie die Vögel, die auch im Winter in den Süden ziehen. Dieses Reiseverhalten hat ihnen den liebevollen Namen „Snowbird" eingebracht. Alljährlich im Oktober/November kommen sie wie die Vögel nach Florida und bleiben bis März/April.

Viele der „Snowbirds" haben hier schon ihr eigenes Domizil, das sie im Winter bewohnen und im Sommer vermieten, um ein wenig Einkommen zu erzielen und die Unterhaltskosten der Immobilie zu decken.

Im Sommer sind die Temperaturen zwar wärmer, aber die Meeresbrise, die auch im Sommer ständig bläst, sorgt für angenehme Abkühlung.

Die unterschiedlichen Klimatisierungen in den Immobilien sorgen ebenfalls für angenehme Haustemperaturen während der Sommerzeit.

Selbst wenn der Himmel manchmal ein wenig weint, sind diese Regentropfen warm und fühlen sich an wie eine kleine Dusche zwischendurch. Regenschauer sind meist kurz und heftig. Anschließend ist die Sonne schnell zurück mit ihren warmen Strahlen.

Welche Wasseraktivitäten bietet Florida?

Die Wassertemperaturen sind ganzjährig angenehme warm, schon fast wie in einer großen Badewanne. Das Rollen der Ozeanwellen an den Strand kann sehr entspannend und beruhigend sein in der klaren Salz-Luft.

Der Atlantikstrand mit seinen Ozeanwellen bietet ein ideales Umfeld für Strand-Drachenflieger und Bodysurfer. Auch Skooter- und Bootfahrer sowie Angler kommen auf ihre Kosten.

Für Tauchliebhaber gibt es besonders vor der östlichen Florida Küste zahlreiche Schiffswracks aus der Kolonialzeit zu entdecken. Aber auch die Korallenbänke mit ihren vielen interessanten Fischen und andere Meeresbewohner laden zum Abenteuer „Unterwasserwelt" ein.

Um die Schiffswracks zu besuchen, ist normalerweise ein kleines Boot erforderlich, um zu der Fundstelle des Wracks zu fahren.

In Fort Lauderdale und Pompano Beach liegen einige gesunkene Schiffe in Strandnähe und gute Schwimmer können vom Strand aus zu den Wracks gelangen. Gerade vor einigen Tagen beobachtete ich einige Taucher, die von ihrem Entdeckungstauchgang an den Strand zurückkehrten.

Wenn Schwimmen nicht Ihr Ding ist, dann vielleicht Hochseeangeln? Sie können sich hier selbst ein Boot mieten und auf große Fahrt zum Fischfang gehen. Oder machen Sie es wie Freunde von mir und mieten Sie sich ein Boot für Ihre private und intime Kreuzfahrt auf dem Ozean.

Für die Naturliebhaber sind die Bootsausflüge in den Hochsee-Naturparks eine willkommene Unternehmung. Sie können in diesen Parks Kajaks und Paddelboote mieten und selbst auf Entdeckertour gehen oder Sie lassen sich chauffieren.

Mit einem Glasbodenboot geht es zum Riff, das vor der Küste von Florida liegt. Am Riff angekommen, kreuzt das Glasbodenboot über dem Riff und erlaubt Ihnen einen sicheren Blick in die Unterwasserwelt des Riffs durch den gläsernen Schiffsrumpf.

Sie werden dort nicht nur verschiedene Arten von Korallen und Fischen sehen, sondern auch Teufelsrochen und Haie, denen Sie an anderen Orten besser aus dem Weg gehen.

Wenn Sie das Riff auf eigene Faust erobern wollen, können Sie auch an Tauchtrips teilnehmen. Vielleicht haben Sie sogar Glück, dass Ihnen auf Ihrer Tauchexpedition Delphine und manchmal auch Manatees begegnen.

Mit den neugierigen Delphinen können Sie manchmal sogar gemeinsam schwimmen. Bei den Manatees halten Sie bitte entsprechenden Abstand. Manatees stehen unter Artenschutz und dürfen nur beobachtet, aber nicht berührt werden. Das Berühren ist strafbar und wird auch gerichtlich verfolgt.

Daher unbedingt beachten:

Only watching – no touching.

Was ist das Besondere am Strand?

Florida hat aufgrund seiner enorm langen Küstenlinie unzählige Strände. Die Strände sind öffentlich zugänglich und viele liegen innerhalb eines Naturschutzgebietes.

Die Strände sind unterschiedlich breit und haben unterschiedliche Strandbeschaffenheit. Strände in den Naturschutzparks sind naturbelassen. Das bedeutet, dass sie häufig keine Sandstrände sind, sondern aus kleinen Steinen oder Korallengestein bestehen. An solchen Stränden empfehlen sich Badeschuhe.

Die Strände nahe den Touristenzentren und Metropolen haben feinen, weißen Sand. Diese Strände verfügen außerdem über Rettungsschwimmerstationen wie in der TV-Serie „Baywatch" mit David Hasselhoff.

An diesen Rettungsschwimmer-Stationen erhalten Sie täglich die aktuellen Wassertemperaturen und Gezeiten sowie Warnungen vor gefährlichen Wasserströmungen und Meeresbewohnern, die sich in Küstennähe aufhalten.

Diese gefährlichen Strömungen heißen im amerikanischen „Rip currents". Sie entstehen, wenn der Wind das Wasser an den Strand drückt. Beim Zurückströmen des Wassers entsteht eine trichterförmige Rinne mit der gefährlichen Strömung. Innerhalb dieser Strömungsrinne werden Sie den Strand nicht erreichen, sondern ins Meer hinausgezogen. Das gilt auch für geübte Schwimmer. Sie sollten daher solche Strömungen unbedingt vermeiden.

Häufig erhalten Sie Ihre „Rip currents"-Warnungen schon morgens beim Kaffee, wenn Sie die Nachrichten ansehen. Sie brauchen dann gar nicht erst zum Rettungsschwimmerturm am Strand gehen, sondern können direkt zum Shoppen fahren.

Eine weitere Annehmlichkeit am Strand ist der leichte Seewind. Dieser sorgt nicht nur für ein angenehmes leichtes Lüftchen, sondern pustet auch Regenwolken schnell wieder fort.

Wenn Sie im Frühling oder Sommer in Florida sind, werden Ihnen am Strand Areale auffallen, die mit Holzpflöcken und Spannbändern umgeben sind. Bei diesen Arealen handelt es sich um See-Schildkrötennester.

Diese Gelege stehen unter Naturschutz und das Betreten dieser Areale ist verboten, bis die kleinen Schildkröten ihr Nest verlassen haben und in die weite Ozeanwelt wandern.

Was ist außer Strand noch los in Florida?

Strand, Wellen, Sonne und Wasser sind zwar das wichtigste in Florida, allerdings dürfen auch die vielen anderen Aktivitäten nicht vergessen werden.

Tennis

Florida hat einige internationale Tennis-Veranstaltungen jedes Jahr wie zum Beispiel das Turnier von Key Biscayne. Dieses Turnier zieht jedes Jahr viele Teilnehmer und Besucher an. Auch wenn Sie nicht zur Tennis-Elite gehören, haben Sie die Möglichkeit, sich das ganze Jahr in unterschiedlichen Tennisturnieren mit anderen zu messen. Der Schwerpunkt dieser Turniere ist an der Ostküste und im Süden des Sunshine States.

Für die Normalo-Tennisspieler gibt es diverse öffentliche Tenniscourts in den einzelnen Städten, deren Nutzung kostenfrei ist oder nur eine geringe Gebühr kostet. Außerdem gibt es die privaten Tennisplätze in den Eigentümer-Gemeinschaften.

Golf

Golf ist ein weiterer wichtiger Sport in Florida. Obwohl Golfplätze in ganz Florida zu finden sind, gibt es trotzdem Schwerpunkte in Central- und Nord-Florida für die professionellen Golfer. Die internationalen PGA-Turniere werden in Florida in Palm Beach und Miami gespielt.

Wenn Sie zu den Golf Enthusiasten gehören, die jeden Tag eine Runde auf dem Grün drehen möchten, dann haben Sie eine reichhaltige Auswahl an privaten Golfclubs. Allerdings sind die Spielgebühren dort meist teuer, wenn Sie nicht Mitglied sind.

Eine kostengünstigere Alternative ohne eine Clubmitgliedschaft sind die vielen öffentlichen Golfplätze der Kommunen. Deren Gebühren sind moderat und oft gibt es „special deals".

Naturschutzparks

Die Vereinigten Staaten sind sehr aktiv im Bereich ihres Umwelt- und Landschaftsschutzes und setzen hohe Standards an Ihre Nationalparks. Die wichtigsten und größten Naturschutzgebiete im Sunshine State liegen in Süd-Florida. Der größte und wichtigste ist der Everglades Nationalpark.

Bei diesem Naturschutzpark handelt es sich um den Fluss aus Grass. Dieses Naturschutzgebiet liegt an der Südwest-Spitze von Florida und seine Ausläufer reichen bis zum Okeechobee See nördlich von Palm Beach.

In diesem Naturschutzgebiet liegt auch der Big Cypress Naturpark, in dem die Seminolen ihr Reservat haben.

Weitere Naturparks sind der Biscayne National Park im Südbereich von Miami und die Dry Tortugas.

Bei den Dry Tortugas handelt es sich um eine Inselgruppe, die westlich von Key West liegt und nur per Flugzeug oder Boot zu erreichen ist.

Ein weiterer wichtiger Nationalpark ist der Canaveral Nation Park im Nordosten des Staates. Innerhalb dieses Parks liegt auch das NASA Gelände mit seinen Raumschiffabschuss-rampen. Aufgrund dieser Militäranlagen sind Teile dieses Parks Sperrgebiet und nicht für die Öffentlichkeit zugänglich.

Entertainmentparks

Wenn Sie Kinder haben oder selbst im Inneren Kind sind, sind Sie hier genau richtig. Sie haben in Florida die Hauptstadt des Entertainments gleich vor der Haustür – Orlando.

Am 1. Oktober 1971 öffnete der heutige Walt Disney World Komplex seine Tore. Planungen starteten bereits im Geheimen in den 60er Jahren mit dem Ziel ein entsprechend großes Areal zu erwerben, damit das Wachsen auf das heutige Ausmaß möglich war.

Aufgrund des großen Erfolgs der ersten Disney Parks Magic Kingdom und Epcot entstanden viele weitere Entertainmentparks in unmittelbarer Nähe. Die bekanntesten und meist besuchten sind neben Disney World Parks der Universal Park, der Wet ‚n' Wild, Discovery Cove und Lego Land.

Für die Abendunterhaltung ist auch gesorgt im Disney

Pleasure Island und dem Universal Walk. Dort sind abends verschiedene Musikveranstaltungen und Restaurant-Events. Langeweile kommt in Orlando auf keinen Fall auf.

Museen und Historisches

In vielen Städten gibt es historische Bauten aus der Gründungszeit der Städte. Die noch vorhandenen Bauten stehen häufig nicht an ihrem originalen Erbauungsort, sondern sind durch einen Gebäude-Transport an einen historischen Platz mit anderen historischen Gebäuden vereint und platziert worden. Dadurch ist das Flair der Vergangenheit viel besser zu empfinden.

Diese historischen Gebäude beherbergen lokale Ausstellungen mit authentischen Fotos und Dokumenten. Einige Beispiele in Fort Lauderdale sind das Stranahan Haus und die historischen Gebäude in der Downtown Area.

Wichtige Museen mit überregionalen Inhalten und Exponaten sind im Sunshine State verteilt. Hier einige Beispiele:

das Florida History Museum ist in Tallahassee, das National Aviation Museum in Pensacola, das South Florida Museum in Tampa, das Museum of Art und das Museum of Discovery and Science in Fort Lauderdale und die Villa Vizcaya in Miami. Diese Liste ist nur eine Auswahl der vielen Museen.

Wellness und Gesundheit

Das Thema Wellness, Gesundheit und Lebensbalance wird in Florida großgeschrieben. Die Erkenntnis, dass der Mensch nicht nur zum Arbeiten geschaffen ist, sondern auch Erholung in ausreichendem Umfang braucht, ist ein offenes Geheimnis und ein gutes Business.

Es gibt viele Spa- und Wellness-Businesses in allen Städten in Florida. In den Tourismuszentren in Süd-Florida sind diese Wellness-Oasen häufig mit den Hotels und Resorts verbunden. Sie bieten ihren Service nicht nur den Bewohnern der Hotels an, sondern zahlende „Outsiders" sind auch gern gesehen.

Indianer

Haben Sie früher auch gern Karl May gelesen oder die Kinofilme gesehen? Dann haben Sie hier in Florida die beste Gelegenheit, das richtige Leben der Indianer kennen zu lernen.

Es gibt in Florida zwei Indianer Stämme – die Seminolen und die Miccosukee. Ihre Siedlungsgebiete – die Reservate – liegen in Central- und Süd-Florida. Die Indianer – die politisch korrekte Bezeichnung ist Native American – haben volle Autonomie innerhalb ihrer Reservate. Das heißt, sie besitzen die Polizeigewalt, haben ihr eigenes Bildungs- und Gesundheitswesen.

Die Seminolen und Miccosukee sind sehr geschäftstüchtig und widersprechen in wirtschaftlicher Hinsicht dem Klischee, das häufig in den Medien dargestellt wird. Ihre Haupteinnahmequellen sind die Casinos in ihren Reservaten, die Rinderzucht und der Tourismus.

Casinos

In den meisten Staaten der Vereinigten Staaten ist das Casino Glücksspiel gar nicht oder nur sehr eingeschränkt zugelassen. Nach Utah ist Florida der nächste Staat, in dem das Casino Glücksspiel eine wichtige Industrie ist.

Der Schwerpunkt der Casinos ist in Süd-Florida in den Touristenmetropolen und die Betreiber sind hauptsächlich die Seminolen und Miccosukee Stämme.

Die Casinos sind eine Art lokale Entertainment Centren. Sie können dort nicht nur an Tischen und Einarmigen Banditen spielen, sondern auch Pferdewetten und Hunderennen sind möglich. Um Ihren Hunger zu stillen können Sie zwischen diversen Restaurants, Bars und Bistros wählen und oft finden Konzerte von namenhaften Künstlern in den Casinos statt. Ein Besuch in einem der Casinos ist ganz sicher interessant.

Gay Szene

Florida hat eine der lebendigsten Gay Szenen. Es ist für Europäer manchmal etwas ungewohnt, wie offen mit diesem Thema in Florida umgegangen wird. Seit Anfang 2015 ist die Gay-Eheschließung in Florida legal. Diese Entscheidung wurde in der Gay-Community begeistert begrüßt und mit einer Welle von Hochzeiten gefeiert.

Die Gay-Gemeinschaften gibt es in allen großen Städten, die größten sind allerdings in Süd-Florida. Sie konzentrieren sich manchmal in einem Bereich des Countys wie zum Beispiel Oakland Park in Broward.

Andere Städte mit großen Gay-Communities sind Key West, Fort Myers, Fort Lauderdale und Miami. Die weiteren Gay-Communities können Sie gern bei uns anfordern.

Wie ist das mit den Hurrikans in Florida?

Ja, es gibt Hurrikans und jeder in Florida ist sich dessen bewusst. Die Hurrikan-Saison startet am 1. Juni und dauert bis zum 30. November eines jeden Jahres. Die Floridianer haben gelernt mit dieser Klimagegebenheit zu leben, weil es in den meisten Jahren kein größeres Problem ist.

Der letzte schlimme Hurrikan an der Ostküste war Wilma im Oktober 2005 und seit diesem Hurrikan hat sich vieles verändert im Zusammenhang mit Sturmschutz und Vorbereitung auf den Sturm.

Es gibt ein nationales Unwetterwarnsystem und jeder kennt die notwendigen Vorsichtsmaßnahmen für Leib und Leben. Für ältere und gehandikapte Menschen gibt es das Community Emergency Response Team (das sind freiwillige Helfer der Feuerwehr), die im Sturmfall helfen, diese Personen in Sicherheit zu bringen. Sie unterstützt die Feuerwehr und die Polizei bei ihren Aufgaben. Die Mitglieder dieser CERT-Einheiten sind auch in Erste-Hilfe und Lebensrettung ausgebildet.

Glauben Sie mir, ich wohne bereits etliche Jahre in Florida und habe diverse Stürme miterlebt, aber das was Sie in den Medien sehen – Häuser, die über die Köpfe fliegen – ist weit übertrieben.

Im Übrigen gibt es dieses Wetterphänomen auch in Deutschland. Meine Geschäftspartner haben mir berichtet, dass es im Sommer (2014) starke Stürme gegeben hat, die ganze Innenstädte für Tage lahmgelegt haben.

Kommen wir zurück zu den ‚fliegenden Häusern' in Florida. Bei diesen handelt es sich meist um Trailerhomes oder Mobile Homes, die nicht entsprechend für einen Hurrikan gesichert waren oder bei denen der Eigentümer nicht für entsprechende Unterhaltung der Sicherheitsmaßnahmen gesorgt hat. In einem solchen Fall hat ein Sturm leichtes Spiel.

Es ist in Florida schon seit Jahren Pflicht, dass die Immobilien entweder mit Hurrikan sicheren Fenstern und Türen oder mit ausreichend starken Hurrikanshuttern zu sichern sind.

Die Hurrikanshutter sind entweder Akkordion-Shutter, die im Falle eines Sturms nur geschlossen werden oder es werden Aluminium Panels vor die Fenster und Türen montiert.

Auch bei der Dachkonstruktion sind aufgrund der Bauvorschriften die Sturmsicherungsmaßnahmen verschärft worden und jeder Hauseigentümer ist bemüht diese Vorschriften umzusetzen. Diese Maßnahmen schützen nicht nur sein Haus, sondern bringen ihm außerdem einen Rabatt bei seiner Hausversicherung ein.

Aufgrund von Schulungen und Informationsbroschüren weiß jeder Einwohner, welche Schutzmaßnahmen er im Falle eines Hurrikans durchzuführen hat und welche Lebensmittel und Versorgungsartikel immer in ausreichender Menge im eigenen Haus zur Verfügung stehen müssen. Wer erst kurz vor dem Sturm einkaufen geht, wird dann vielleicht vor leeren Regalen stehen.

Während der Hurrikan Saison wird das Wettergeschehen im Atlantik und im Golf von Mexiko genau beobachtet und sobald sich eine tropische Turbulenz bildet, wird diese mit

Flugzeugen und Satelliten überwacht. Jede Veränderung wird bewertet und die Floridianer werden in den Nachrichten entsprechend informiert.

Für einen gefährlichen Sturm gibt es eine 5 tägige Vorwarnzeit. Innerhalb dieser Zeit sind die Hurrikan-Vorbereitungen abzuschließen, Familie oder Freunde sollten informiert werden, wo Sie sich während des Sturmes aufhalten. Das erleichtert eventuelle Suchmaßnahmen nach einem Sturm.

Was bietet Florida für wen?

Florida bietet für jeden, der Sonne liebt und Spaß am Leben hat, sehr viel. Ein wenig Weltoffenheit, Neugier und Mut zum nicht Alltäglichen gehören dazu. Die Floridianer bringen Ihnen Freundlichkeit und Toleranz entgegen und nehmen Sie gern in ihrer Mitte auf.

Die Vielfältigkeit Floridas hat für jeden etwas. Hier am Verknüpfungspunkt von Süd- und Nordamerika verschmelzen alle Kulturen zu einem bunten Mix. Dieses Potpourri verbindet amerikanische Businesskompetenz mit südamerikanischer Lebensfreude.

Je weiter Sie im Süden sind, umso mehr Lateinamerikanisches Flair werden Sie in allen Bereichen des Lebens finden. Es herrscht Easy-Going und Party am Abend nach einem erfolgreichen Businesstag. Restaurants und Bars bieten eine große Bandbreite an Unterhaltung.

Nach Norden wird der Lebensstyle stärker vom alten Südstaaten Flair der Vereinigten Staaten geprägt und wechselt mehr und mehr zur nordamerikanisch-europäischen Lebensweise.

Um dieses bunte und reichhaltige Treiben in vollen Zügen zu genießen, ist ein eigenes Heim vor Ort genau das Richtige. Ob Sie eher ein Haus oder eine Eigentumswohnung wählen, hängt von Ihren Interessen und Zielen ab. Wie Sie die richtige Entscheidung treffen, erfahren Sie im Verlauf dieses Buches.

Florida ist nicht nur für Privatpersonen jeden Alters interessant, sondern auch als Geschäftsstandort ist es eine exzellente Wahl aufgrund der bestehenden Steuergesetze und der gut ausgebildeten Arbeitskräfte.

Was bietet Florida älteren Menschen?

Mit seinem milden Klima ist der Staat Florida für Senioren ein idealer Platz zum Leben. Der Begriff „Senior" ist in den Vereinigten Staaten nicht negativ geprägt, sondern deutet lediglich auf fortgeschrittene Lebenserfahrung hin.

In den Vereinigten Staaten gilt eine Person als Senior, wenn sie den 50. Geburtstag gefeiert hat. Ab diesem Alter erhalten Sie eine besondere Versicherungskarte oder Rabattkarte, die Ihnen Vergünstigung in vielen Bereichen des täglichen Lebens gewährt. Mit dieser Karte erhalten Sie zum Beispiel einen Rabatt bei Versicherungen, bei Reise und Hotel-buchungen, in Restaurant und Apotheken und vieles mehr.

Ab 55 stehen den Seniors kostengünstige Wohnmög-lichkeiten in den vielen 55+ Gemeinschaften offen. In diesen Wohnkomplexen ist nahezu alles vorhanden oder ange-schlossen, was für einen im Alter aktiven Menschen wichtig ist.

Bei diesen Wohnkomplexen handelt es sich nicht um betreutes Wohnen, sondern der jeweilige Bewohner ist selbstständig und versorgt sich selbst. Viele Bewohner sind außerdem noch aktiv in das Berufsleben eingebunden.

Die Angebote in diesen Wohngemeinschaften (=Communities) reichen von Unterhaltung wie zum Beispiel Sport und Bingo bis zu weiteren Entertainments und Medizinischer Versorgung.

Für Einkaufstrips stehen meist kleine Shuttlebusse zur Verfügung, die die Bewohner zum nächsten Shopping Center fahren oder auch in das nächste Casino, wenn diese kein eigenes Auto besitzen oder einfach keine Lust zum Selberfahren haben.

Die vielen lokalen Museen, Art-Galerien und Ausflugsziele in der Umgebung sorgen für zusätzliche Abwechslung und Unterhaltung. Da ist sicher für jeden etwas dabei. Auch für einen Europäischen Senior.

Was bietet Florida für Familien?

Für Familien mit Kindern ist Florida eine Ferienoase. Es gibt viele Attraktionen für Groß und Klein. Alle Attraktionen sind gut ausgeschildert und können schnell und bequem über das verzweigte Straßennetz erreicht werden. Auch das leidige Parkplatzproblem entfällt, weil überall genügend Stellplätze vorhanden sind.

Die bekanntesten Attraktionen in Florida sind die Entertainmentparks in Orlando – in der Mitte Floridas. Seit Beginn der 70er Jahre ist dort auf ehemaligem Sumpfland der Entertainment Komplex Disney World entstanden. Später gesellte sich der Universal Park und viele weitere dazu.

Jeder Park bietet ein eigenes besonderes Erlebnisthema, das

es zu entdecken gilt. Sie können dort mit Ihren Kindern jeden Tag eine Entdeckung machen oder ein Abenteuer erleben.

Es muss nicht immer Orlando sein mit seinen vielen verschiedenen Entertainmentparks. Auch die lokalen Attraktionen mit ihren Natur- und Wasseraktivitäten sind nicht zu unterschätzen. Selbst wenn Sie ein Haus haben, das nicht direkt am Strand liegt, können Sie innerhalb von ca. 15-20 Minuten einen Strand erreichen.

Der Strand bietet alles - vom Schwimmen, Tauchen, Angeln, Kite fliegen, Surfen bis zum Sandburgen bauen und Muscheln sammeln.

Eine weitere Möglichkeit sind Ausflüge in die Everglades und in die Keys mit den vielen Tier- und Naturschutzparks. Diese sind leicht und schnell zu erreichen und die Park Ranger bieten viele und interessante Informationen über die Tierwelt, die Landschaft und die Geschichte.

Vielleicht möchten Sie mit Ihren Kindern auch die Kultur der Indianer kennen lernen. Die Miccosukee und die Seminolen laden Sie gern in ihre Reservate ein. Dort erfahren Sie viel über die wahre Geschichte der Indianer und das Leben der Native Americans – die offizielle Bezeichnung der Indianer.

Wenn Sie zur richtigen Zeit in Süd-Florida sind, haben Sie sogar die Chance an dem großen PowWow – einem nationalweiten Tanzfestival und Rodeo – teilzunehmen. Sie fühlen sich in die Zeit der großen Western versetzt und erleben hautnah die Indianer Kultur.

Was bietet Florida für Singles oder Paare ohne Kinder?

Auch Singles und Paare kommen hier auf Ihre Kosten. Die bunte Partyszene besonders in Miami Beach sind nicht nur ein Magnet für Modells und Modeagenturen oder Designer und Künstler. Viele, die hip sind oder sein wollen, versammeln sich hier.

Entlang des Ocean Boulevards in Miami Beach ist jeden Abend Party. Die vielen Bars, Bistros, Restaurants und Cafés locken mit exotischen Cocktails und Live-Musik, um in der milden Abendluft den Tag ausklingen zu lassen.

Ein weiterer Partybereich ist in Miami Downtown der Bayfront Park. Dieser Bereich ist bekannt für Live Konzerte und Veranstaltungen wie zum Beispiel der Red Bull Flugtag.

Für die Sportfans des Basketballs ist das Miami Heat Team gleich nebenan in der American Airline Arena zu finden und für aktive Läufer gibt es viele Marathons und Charity-Events, an denen Sie teilnehmen können.

Die Tennisspieler sind auf der Insel Key Biscayne am richtigen Ort. Diese Insel ist den Tennisengagierten sicher bekannt von dem jährlichen Tennisturnier, an denen auch Boris Becker und Steffi Graf teilnahmen.

In der Region Palm Beach kommen die Golfer auf Ihre Kosten. Einige bekannte und hochdotierte Golfturniere finden dort statt, die alljährlich die Golfprominenz anziehen.

Außerdem ist der südliche Bereich Floridas weltweit bekannt für seinen Bootsport und den Yachtbau. Events wie zum Beispiel Boatshows und Ausstellungen in Miami und Fort Lauderdale ziehen jedes Jahr mehrere Hunderttausend Besucher an.

Außerdem ist Süd-Florida für internationale Bootsfahrer ein bevorzugter Liegeplatz mit all seinen Marinas und Häusern mit privaten Bootsdocks.

Die beiden Städte Miami und Fort Lauderdale bieten mit ihren beiden Kreuzfahrthäfen das Ein- und Ausfalltor für die Kreuzfahrttouristik in die Karibik und nach Latein- und Mittelamerika.

Neben den mehrtägigen Kreuzfahrten werden auch Kurz-Kreuzfahrten angeboten. Ein solcher Tages-Ausflug kann Sie auf die Bahamas führen oder kann auch nur ein Casinobesuch auf hoher See sein.

Wem die Schiffs-Casinos nicht zusagen, der hat die Qual der Casino-Wahl. Es gibt diverse Casinos in der Metro-Region Miami/Fort Lauderdale, die Ihnen die große Chance auf das schnelle Glück bieten. Ein Besuch lohnt sich, auch wenn Sie kein Freizeit-Spieler sind. Es gibt dort auch andere Unterhaltung wie zum Beispiel Live-Konzerte und gute Restaurants und Bars. Eine gute Adresse ist das Hard Rock Hotel in Hollywood, Florida.

Nicht zu vergessen ist die große Gay-Szene, die im südlichen Florida zu Hause ist. Sie ist wie das Salz in der Suppe des bunten Kulturen-Gemischs und ist eine weitere interessante Facette des Floridas Lifestyles.

Was bietet Florida für Business-Eigentümer?

Um nicht nur von den beiden Industrien Tourismus und Immobilien abhängig zu sein, arbeitet der Staat Florida sehr stark am Ausbau der Geschäftsmöglichkeiten für neue Unternehmen. Dadurch eröffnen sich für Business-Investoren und Start-Ups ganz neue Möglichkeiten.

Gern gesehene Wirtschaftszweige sind die IT-Branche, internationaler Handel, Forschung und Gesundheitswesen. Für den internationalen Handel ist Florida besonders aufgrund seiner geografischen Lage ein exzellenter Standort. Die Häfen und Flughäfen in Miami und Fort Lauderdale sind zwischenzeitlich zu einem Transport-Hub mit Schwerpunkt Süd-Amerika und Übersee ausgebaut.

Die Eröffnung eines Business oder einer Niederlassung ist in Florida relativ einfach durchzuführen. Die Folgekosten und die Business-Besteuerung sind sehr attraktiv im Vergleich zu manch anderem Business-Standort. Mit kompetenten Partnern sind die notwendigen Aktivitäten schnell erledigt.

Für die Eröffnung eines Unternehmens ist ein Visum der Vereinigten Staaten notwendig. Die diversen Visa-Optionen, die Ihnen offenstehen, können im Rahmen dieses Buches nicht erörtert werden. Für Ihre Fragen und Anforderungen können wir sicher die richtige Unterstützung bereitstellen.

Ein erfolgreiches Business oder auch ein entsprechend hohes Investment eröffnet Ihnen die Chance auf die Green Card. Der Vorteil einer Green Card ist der unbeschränkte Aufenthalt in den Vereinigten Staaten, um Ihren Geschäften nachzugehen und Ihren Lebenstraum zu erfüllen.

Entdecken Sie Ihre Chancen in Florida und setzen Sie Ihre Pläne und Visionen um. Dies ist am einfachsten möglich, wenn Sie bereits ein Standbein vor Ort haben.

Ein erstes Standbein kann eine Immobilie sein. Sie können Ihre Fragen für Ihr individuelles Business-Projekt direkt vor Ort mit kompetenten Spezialisten erörtern. Ihre Herausforderungen können einfacher geklärt und gelöst werden und ein eigenes Haus ist außerdem eine Investition, die für Ihre Pläne als Kreditsicherheit genutzt werden kann.

Wie sieht Ihre Traumimmobilie aus?

Eine der wichtigsten Wirtschaftsbereiche in Florida sind Immobilien. Es gibt traumhafte Immobilien in allen Größen und allen möglichen Ausstattungen. Mit und ohne Pool, mit und ohne Bootssteg, als freistehendes Einfamilienhaus, ein Reihenhaus oder auch als Eigentumswohnung. Mit Strand vor dem Komplex oder ohne Strand, mit Aussicht auf den Ozean oder Bootskanäle oder ohne Aussicht, mit einem Garten oder ohne Garten. Was darf es für Sie sein?

Das ist eine schwere Frage - meinen Sie? Nicht unbedingt. Der Begriff Immobilie ist in allen Ländern gleich. Es handelt sich um einen fest umbauten Lebensbereich auf einem Grundstück.

Dieser Lebensbereich hat massive Außenwände, Türen und Fenster, einen Fußboden und ein Dach. Die Immobilie ist unser Schutz vor Wind und Wetter und beschützt uns vor den Anforderungen der übrigen Welt. In dieses Refugium können wir uns zurückziehen, Kraft tanken, ausruhen und uns bereit machen für die nächste Herausforderung oder das nächste Lebensabenteuer in Florida.

Jeder einzelne definiert seine Anforderungen an sein Refugium auf seine Weise. Für Sie gelten sicher andere Anforderungen als für mich. Um heraus zu finden, was für Sie wichtig und bedeutsam ist, ist es notwendig zu wissen, welche Vorteile jede Immobilie Ihnen bietet. Ihre wichtigsten Anforderungen und Wünsche bestimmen die Auswahl der möglichen Traumimmobilie und Sie wählen nur noch die für Sie am besten passende aus.

Sicher interessiert Sie jetzt, welche Arten von Immobilien in Florida zur Auswahl vorhanden sind. Lassen Sie uns starten mit der Immobilienkunde.

Es gibt Altbestand und Neubauten. Der Altbestand besteht aus Massivhäusern, Fertighäusern und auch Trailerhomes und diese haben mindestens einen Vorbesitzer. Diese Häuser werden zum Wiederverkauf (=Resale) auf dem Markt angeboten. Manche Häuser sind renoviert, bei anderen sind Renovierungen erforderlich.

Die Neubauten werden direkt vom Bauunternehmer verkauft und es handelt sich grundsätzlich um Massivhäusern nach dem jeweils geltenden Baucode von Florida.

Es gibt freistehende Eigenheime und Reihenhäuser mit unterschiedlichen Grundstücksgrößen sowie Eigentumswohnungen. Die Immobilien können in einer geschlossenen Gemeinschaft liegen, die mit einem Zaun und einem Tor gesichert sind oder ohne diese Sicherheitsabschottung. Einige Gemeinschaften bieten außerdem Gemeinschaftsanlagen wie zum Beispiel einen Pool, Trainingsräume und vieles mehr.

Als Bootsliebhaber werden Sie sicher an einem Bootsanleger Interesse haben, damit Ihre Yacht im eigenen Garten am privaten Dock geparkt werden kann.

Lassen Sie uns diesen großen Mischmasch entwirren und die Vorzüge und Details der einzelnen Immobilienarten darstellen.

Bevor wir in die Details gehen, lassen Sie mich mit einem Vorurteil, dass ganz besonders in den Medien häufig verbreitet wird, aufräumen. Sie kennen sicherlich Schlagzeilen wie diese: „Häuser fliegen in Florida durch die Luft", „keine massive Bauweise" und vieles mehr. Das ist schlicht und einfach so nicht richtig.

Es handelt sich bei diesen Meldungen um Sensationsjournalismus. Eine Schlagzeile mit fliegenden Häusern verkauft sich allemal besser als ein Bericht über die guten Vorbereitungen auf den Sturm und die große Nachbarschaftshilfe während und nach dem Sturm.

Ja, es fliegen manchmal Dächer bzw. Teile von diesen durch die Luft, aber von Häusern, die älter sind und nicht mehr den geltenden Florida Bauvorschriften entsprechen.

Oder es handelt sich um ein Trailerhome, dessen Bauweise nicht den Bauvorschriften entspricht oder nicht ordnungsgemäß mit dem Boden verankert ist oder der Eigentümer vernachlässig sein Trailerhome.

Mal ganz ehrlich, kennen Sie das nicht auch von Europa. Auch dort haben sich die klimatischen Verhältnisse geändert und es fliegen auch mehr und mehr Hausdächer durch die Lande selbst bei der Massivbauweise. Die entstehenden Schäden sind ähnlich.

Lassen Sie uns einen kleinen, beschreibenden Blick auf die Bausubstanz in Florida werfen. Konstruktionsdetails und Aussagen zu Stabilität und Dauerhaftigkeit sowie den neuesten Baucode werden Ihnen von einem Hausinspektor erklärt.

Die in früherer Zeit gebauten Häuser waren häufig in Framebauweise erbaut. Das heißt, auf einer Fundamentplatte wurden die Außenwände als Rahmenkonstruktion inklusive Dach aufgebaut und mit der Fundamentplatte verbunden.

Die Rahmenstruktur wurde auf beiden Seiten mit Holz verkleidet. Die bestehenden Hohlräume zwischen der äußeren Holzwand und der inneren Holzwand enthielten Isolierungen und die notwendigen Versorgungsleitungen.

Diese Rahmenbauweise wurde in den 50er Jahren durch die

Betonsteinbauweise abgelöst, allerdings gibt es noch vereinzelte Immobilien in der alten Holzbauweise.

Gemäß der 50er Jahre Bauweise werden wie in Europa die Außenwände mit Betonsteinen gemauert und anschließend verputzt. Die Dachkonstruktion ist wie in Europa aus Holz und die Last wird von den Außenwänden getragen. Das Dach wird mit Metallbändern mit der soliden Hauskonstruktion verbunden.

Der Innenausbau erfolgt meist mit einer Holz- oder Stahlkonstruktion, die auf beiden Seiten mit Rigipsplatten verkleidet ist. Diese Innenwände sind meist nicht tragend und der Innenausbau kann sehr flexibel gestaltet werden.

Die Bauvorschriften werden seit dem Hurrikan Andrew 1992 speziell in Florida ständig den klimatischen Gegebenheiten angepasst. Diese Bauvorschriften sind bindend und gelten für Neubauten und für jede Modernisierung oder Renovierung von Altbauten.

Aufgrund dieser Bauvorschriften hat sich auch die Neubauweise geändert. Viele Neubauten werden heute aus Gussbeton hergestellt. Dabei wird auf der Fundamentsplatte eine Stahlstreben-Konstruktion aufgebaut und auf beiden Seiten der Stahlstreben werden Verschalungen verschraubt. Anschließend wird diese Stahlkonstruktion mit Flüssigbeton ausgegossen. Sobald der Beton ausgehärtet ist, wird die Verschalung entfernt und der Dachstuhl kann aufgesetzt werden. Fenster- und Türöffnungen werden bei dem Betonguss ausgespart. Die Fenster und Türen werden anschließend eingesetzt und sind aus Hurrikan sicherem Impactglas.

Als letzter Schritt erfolgt der Innenausbau auf bewährte Weise. Auch hier gilt der neue Baucode mit den Vorgaben für die Wasserversorgung, die Elektrizitätsversorgung und Innenisolierung.

Der geltende Baucode ist zwingende Basis für Neubauten, während bei Modernisierungen von Altbeständen eine modifizierte Form des Baucodes zur Anwendung kommt. Das entsprechende Bauamt der jeweiligen Stadt ist hier die richtige Auskunftsstelle, um die geltenden Bauvorschriften zu erfahren.

Wieso differieren die Gebäudegrößen von denen in Europa?

Die Vereinigten Staaten rechnen mit Inch, Foot, Yard und Acres, während in Europa mit Zentimeter, Meter, Quadratmeter und Hektar gerechnet wird. Diese Längen und Flächenmaße sind entsprechend umzurechnen. Um es zu vereinfachen und eine ungefähre Größenvorstellung zu bekommen, empfiehlt sich das Verhältnis 1:10 zu nutzen.

Das heißt, wenn ein Haus z. B. 1500 sqft hat, dann entspricht es ca. 150 qm.

Für die genaue Umrechnung gilt:

1 Inch (Zoll) = 2,54 cm

12 Inch (Zoll) = 1 foot (Fuss - 12 x 2,5 cm = 30,48 cm)

3,28 foot (Fuss) = 1 Meter

1 sqft (squarefoot = Quadratfuss)

= 1 foot x 1 foot

1 yard = 3 feet

1 acres = 43,560 sqft

Dies ist nur ein kleiner Exkurs, damit Sie die Immobilieninformationen leichter verstehen und visualisieren können. Wenn Ihnen die Hausdaten bereits umgerechnet übersandt werden, können Sie überprüfen, ob die Umrechnungsdaten stimmen.

Wie sind die Straßennamen zu verstehen?

Die weitaus meisten Städte - und das gilt auch für Florida - sind in den Vereinigten Staaten geplant. Das heißt, dass Städte und Dörfer nicht wild gewachsen sind, sondern am Reißbrett entstanden und geplant sind.

Dies macht es sehr einfach, sich in jeder fremden Stadt zurecht zu finden. Es gibt sogenannte Avenue und Streets. Die weiteren Bezeichnungen wie Boulevard, Way, Court, Place und Square lassen wir hier aus, weil hier nur das Prinzip erklärt werden soll.

Die Avenues verlaufen in süd-nördlicher Richtung, während die Straßen in westöstlicher Richtung verlaufen. In dieses Straßennetz werden die Wohngebiete und die Gewerbegebiete eingepasst.

In den Wohngebieten stehen ausschließlich Einfamilienhäuser oder Mehrfamilienhäuser, die vermietet werden. Die Miethäuser sind näher an den Zufahrtsstraßen zum Wohngebiet, während die Einfamilienhäuser erst im Anschluss an die Miethäuser gebaut sind.

Innerhalb der Wohngebiete sind keine kommerziellen Bauten wie zum Beispiel Geschäfte, Tankstellen, Banken oder Kinos zugelassen. Allerdings sind Feuerwehrstationen alle 2 bis 3 Kilometer vorhanden und Wasser-Hydranten befinden sich fast vor jedem dritten Haus. Das heißt, dass in einem Brandfall eine schnelle Löschung gewährleistet ist.

Diese Hydranten haben einen positiven Effekt auf Ihre Haus-Eigentümerversicherung, weil die Versicherungsgesellschaften Rabatte dafür gewähren.

Welche Arten von Immobilien gibt es?

Die Immobilien unterscheiden sich in der Bauweise, der Grundstücksgröße und auch in der Verwaltungsart. Es gibt freistehende und verbundene Häuser. Bei den verbundenen Häusern werden Doppelhäuser und Reihenhäuser unterschieden.

Bei einigen Immobilien bestimmt der Hauseigentümer in Eigenverantwortung alles, bei anderen gibt es Hauseigentümergemeinschaften. Diese Hauseigentümergemeinschaften heißen Communities und je nach den bestehenden Regularien nehmen diese unterschiedlich stark Einfluss auf die optische Gestaltung der Community.

Bei einigen Communities ist die Zustimmung der Hauseigentümergemeinschaft notwendig, wenn der Käufer eine Immobilie in der Gemeinschaft erwirbt. Es handelt sich dabei um eine Formalität, die bei einem Immobilienkauf zu berücksichtigen ist. Details finden Sie in einem späteren Kapitel.

Die Regularien einer Gemeinschaft erhält der Immobilienkäufer vom Verkäufer sobald die Kauftransaktion rechtlich bindend ist.

Alt Florida Style.

Was ist ein freistehendes Einfamilienhaus in Florida?

Die beliebteste Immobilie ist das Einfamilienhaus. Es steht ohne direkten Kontakt zu anderen Häusern auf dem dazugehörenden Grundstück. Die Grundstücksparzellen in älteren Wohngebieten sind für europäische Verhältnisse vergleichsweise groß. Zum Beispiel in unserem Wohngebiet ist die Grundstücksgröße mindestens 8000 sqft (entspricht rund 800 qm) und mein eigenes Grundstück ist sogar 10500 sqft (ca. 1050 qm).

In den Neubaugebieten sind solche Grundstücksgrößen eher selten. Die dortigen Grundstücksgrößen sind vergleichbar mit denen in Europa.

Auf Ihren Besichtigungstouren wird Ihnen auffallen, dass

einige Häuser etwas erhöht - wie auf einem Hügel stehend - erbaut sind. Es handelt sich hier nicht um Überflutungsschutz, wie Sie vielleicht vermuten. Der tatsächliche Grund ist der steinige Untergrund, der das Ausschachten einer Grube für die Versorgungsleitungen sehr schwierig und teuer macht. Als Lösung für dieses Problem wird ein Hügel aufgeschüttet und die notwendigen Leitungen werden in diesem Hügel unterhalb des Hauses verlegt.

Wie bereits erwähnt ist Florida flach und das gilt ganz besonders an der Südspitze. Das Land bestand in früherer Zeit aus Sümpfen, wie Sie diese noch heute in den Everglades finden. Die Sümpfe sind eine Folge des hohen Grundwasserspiegels und die Bebauung eines solchen Untergrundes ist erst nach entsprechender Entwässerung und Trockenlegung möglich.

Unterhalb der dünnen Schwemmlandschicht befindet sich Muschelkalkstein und dieser Untergrund macht das Ausschachten von Gruben für Fundamente zu einem Problem. Der harte Muschelkalk ist auch der Grund, dass in Florida nur selten Keller unter den Gebäuden vorhanden sind.

Nach meinem Wissen gibt es zum Beispiel in Fort Lauderdale nur einen einzigen Keller unter einem Haus. Ein weiteres Kellergewölbe ist im Deering Estate vorhanden. Allerdings gehörte das Haus einst einem Industrie-Magnaten, der genügend Geld für den Bau des Kellers hatte. Heute ist das Deering Estate ein Museum und die Besucher können den Keller besichtigen.

Bei den Häusern gibt es verschiedene Stile. Für die Nostalgiker gibt es den Alt-Florida Stil. Dabei handelt es sich um eingeschossige, kleinere Einfamilienhäuser.

Diese Häuser haben meist Wand- oder Fenster-Klimaanlagen, weil die Dächer der Häuser flach mit wenig Dachgefälle sind. Dadurch ist kein ausreichend hoher Dachboden für die Verlegung die Schläuche oder Rohre der zentralen Klimaanlage vorhanden.

Der gesamte Wohnbereich eines solchen Hauses ist ebenerdig. Diese Häuser haben meist zwei Schlafzimmer und ein oder zwei Bäder. Die Küche und Wohnzimmer sowie Zusatzräume wie zum Beispiel Waschraum oder Sonnenraum (in Europa einem Wintergarten vergleichbar) werden in der Zimmeranzahl nicht mitgezählt, sind allerdings in der Gesamtwohnfläche enthalten.

Die älteren Häuser verfügen häufig über einen Carport, aber meist nicht über eine Garage. Bei späteren Umbauten sind Carports und Garagen manchmal in Wohnraum umgewandelt worden. In diesem Fall hat das Haus ein zusätzliches Schlafzimmer, aber keine Garage.

Bei mehrgeschossigen Häusern liegen die Gemeinschaftsräume wie zum Beispiel Küche und Wohnzimmer im Erdgeschoss, während die Schlafzimmer und Badezimmer im Obergeschoss zu finden sind.

Die Geschosse sind durch Treppen unterschiedlicher Gestaltung verbunden. Nur in hochpreisigen Immobilien ist ein Fahrstuhl in einem Privathaus Standard.

Freistehende Einfamilienhäuser und besonders der Altbestand dieser Immobilien haben meist keine Eigentümergemeinschaft. Das heißt, es gibt keine Gemeinschaftsregelung, die mit monatlichen Kosten verbunden ist oder die eine bestimmte Außengestaltung der Immobilie vorschreibt.

Reihenhaus in einer Community

Was ist ein Reihenhaus in Florida?

Sicher kennen Sie den Begriff Reihenhaus aus Europa. Diese Form von Häusern gibt es auch in den Vereinigten Staaten. Allerdings sind einige Unterschiede vorhanden und die europäischen Begriffe haben in den Vereinigten Staaten eine unterschiedliche Bedeutung.

Es gibt das sogenannte Townhouse und die Villa. Ein Townhouse ist mehrgeschossig z. B. zwei- oder drei-geschossig. Die einzelnen Geschosse sind mit Treppen verbunden.

Solch ein Townhouse hat im Erdgeschoss eine Garage. Ein Carport ist unüblich. Die Garage wird nicht nur für das Auto genutzt, sondern dient auch als Wirtschaftsraum für Waschmaschine und Trockner sowie für den Heiss-wasserboiler und die zentrale Klimaanlage.

Der zweite Stil eines Reihenhauses ist die Villa. Eine Villa in den Vereinigten Staaten ist nicht vergleichbar mit dem europäischen Begriff „Villa". Der europäische Begriff beschreibt ein großes Anwesen auf einem großen Grundstück. In den Vereinigten Staaten ist eine Villa ein eingeschossiges Reihenhaus.

Eine solche Villa hat in der Regel zwei bis drei Schlafzimmer und zwei Badezimmer. Aufgrund dieser Bauweise hat das Haus keine Garage, sondern nur ein oder zwei Auto-Stellplätze vor dem Haus.

Die Grundstücke von Reihenhäusern sind kleiner als die von freistehenden Häusern. Die übliche Grundstücksgröße liegt zwischen 1000 bis 3000 sqft, das entspricht 100 bis 300 qm.

Aufgrund der Reihenbauweise liegen diese Immobilien meist in einer Hauseigentümer-Gemeinschaft (=Community). Diese Communities haben Gemeinschaftsregelungen und Gemeinschaftsordnungen. Details dazu finden Sie in einem der folgenden Kapitel.

Freistehendes Einfamilienhaus in einer Community

Was ist eine Eigentumswohnung in Florida?

Den Begriff Eigentumswohnung ist Ihnen sicher aus Ihrem Heimatland bekannt. In den Vereinigten Staaten heißt eine Eigentumswohnung „Condominium" oder auch kurz „Condo".

Die übliche Kondominiumgröße ist ein oder zwei Schlafzimmer und ein bis zwei Badezimmer. Dabei kann es sich um ein Vollbadezimmer mit Wanne oder Dusche handeln und ein Gästebad nur mit Toilette und Waschbecken oder um ein zweites Vollbadezimmer.

Die Eigentumswohnungen sind in einem mehrgeschossigen Gebäude untergebracht. Die Eigentumswohnung in einem solchen Gebäude ist im Individualeigentum des Bewohners, während alles außerhalb der vier Wände der Wohnung der Eigentümergemeinschaft gehört. Zu diesem Gemeinschaftseigentum zählen alle Außen- und Innenanlagen des Gebäudekomplexes.

Es werden zwei Gebäudetypen bei Eigentumswohnungen unterschieden, die mit unterschiedlicher Gebäudegestaltung einhergehen.

Eigentumswohnungsgebäude, die maximal viergeschossig sind, heißen Gartenapartments. Abhängig von der Etagenanzahl und den Bewohnern kann ein solches Gebäude einen Gemeinschaftsfahrstuhl haben, muss aber nicht. Als Faustregel gilt, dass zweigeschossige Gebäude selten einen Fahrstuhl haben.

Alle Eigentumswohnungsgebäude, die mehr als vier Geschosse haben, sind sogenannte Hochbauten (=Highrise). Solche Gebäude haben immer einen Fahrstuhl.

Gebäudebestandteile wie Fahrstühle, Müllanlagen, Waschräume, Garten, Pool etc. sind Gemeinschaftseigentum. Die Unterhaltung von diesen erfolgt von der gesamten Eigentümergemeinschaft. Die Kosten für diese Unterhaltung des Gemeinschaftseigentums werden als monatliche Maintenance Fees (entspricht dem Hausgeld) erhoben und vom jeweiligen Wohnungseigentümer eingezogen.

Bei der Verwaltung der Eigentümergemeinschaften gibt es zwei Varianten: die Kondominium Gemeinschaft und die Kooperation.

In einer Kooperation gehören alle Eigentumswohnungen und alle übrigen Immobilienbestandteile allen Eigentümern gemeinsam. Jeder Eigentümer erhält einen Anteil an diesem Gemeinschaftseigentum. Dieser Anteil ist vergleichbar eines Genossenschaftsanteils im europäischen Raum.

Bei solchen Kooperationen ist die Finanzierungsmöglichkeit für Sie als Käufer nicht gegeben, weil die Eigentumswohnung nicht als Beleihungsobjekt für Ihr Darlehen nutzbar ist. Ihnen gehört nur ein Anteil am Gesamtvermögen, aber keine individuelle Eigentumswohnung.

Bei der Kondominium Gemeinschaft ist die Eigentumswohnung im Individualeigentum und nur die übrigen Immobilienanteile sind im ideellen Gemeinschaftseigentum. Eine solche Eigentumswohnung ist finanzierbar wie jede andere Immobilie.

Diese unterschiedliche Verwaltungsart der Immobilien ist individuell beim Kauf der Eigentumswohnung zu klären. Insbesondere im Zusammenhang mit den Unterhaltskosten und den Eigentumsrechten sowie der Finanzierung ist dies wichtig.

Eigentumswohnungen (Highrise)

Welche Vor- und Nachteile haben die verschiedenen Immobilienarten für Sie?

Die Immobilien in Florida sind vielfältig und haben viele Vorzüge und eigene Herausforderungen, die zu betrachten sind.

Um die richtige Traumimmobilie für sich zu finden, ist es wichtig, dass Sie als zukünftiger Eigentümer wissen, was Ihr Ziel für die Immobilie ist.

Wollen Sie die Immobilie ausschließlich selbst nutzen oder wollen Sie diese zeitweise vermieten oder das ganze Jahr vermieten?

Ist die Immobilie für Sie ein kurzfristiges Investment, das Sie erwerben und schnell wieder mit Gewinn verkaufen wollen?

Wenn Sie die Immobilie ausschließlich selbst nutzen wollen, sind beispielsweise die Lage und die Ausstattung von größerer Wichtigkeit als der Preis. Die Bausubstanz und die umgebende Nachbarschaft sind von entscheidender Bedeutung, damit Ihre Traumimmobilie an Wert zunimmt, während Sie Eigentümer sind.

Außerdem ist es wichtig, ob Sie ständig dort wohnen oder nur während einiger Monate im Jahr. Bei einem Einfamilienhaus ist das Haus von einem Garten umgeben und dieser muss auch während Ihrer Abwesenheit gepflegt werden. Eine professionelle Betreuung ist in diesem Fall von Nöten, damit Sie keine Abmahnung von der Stadt bekommen, weil Ihr Rasen nicht gemäht ist und bereits einen halben Meter hoch gewachsen ist.

Bei der zeitweisen oder ganzjährigen Vermietung benötigen Sie einen Verwalter. Dieser übernimmt die notwendigen Verwaltungsaufgaben. Auch wenn eventuell die Gartenpflege

dem Mieter übertragen wird, gibt es noch genügend Aufgaben, die nicht vom Mieter übernommen werden. Das Einziehen der Miete und die Veranlassung und Überwachung von Reparaturen darf nur ein professioneller Immobilienfachmann erledigen.

Solche Aufgaben erfordern eine staatliche Lizenz und dürfen nicht von einem Freund oder Nachbarn wahrgenommen werden, weil das illegal ist. Details zu diesem Thema finden Sie in einem späteren Kapitel.

Für Eigenheime oder Eigentumswohnungen in einer Eigentümergemeinschaft gelten einige zusätzliche Details, die im Falle einer Vermietung oder Verwaltung zu berücksichtigen sind.

Die Verwaltung des Individualeigentums – das ist die Eigentumswohnung oder das Eigenheim - ist nicht gleichzusetzen mit der Verwaltung des Gemeinschaftseigentums – das sind die Gebäude und Außenanlagen des gesamten Gebäudekomplexes.

Die Verwaltung der Außenanlagen und Gebäude werden vom Verwalter der Eigentümergemeinschaft übernommen. Die Verwaltung einer einzelnen Eigentumswohnung gehört nicht zu deren Aufgaben und ist vom jeweiligen Eigentümer zu organisieren.

Die Aufgaben des Verwalters und die Unterhaltung des Gemeinschafts-Wohneigentums in den Eigentümergemeinschaften (Communities) basiert auf der mit allen Eigentümern vereinbarten Gemeinschaftsordnung und deren Durchführung-Regularien. Diese Gemeinschaftsordnung und die Regularien sind bindend für jeden einzelnen Immobilieneigentümer.

In der Gemeinschaftsordnung ist zum Beispiel festgelegt, wer für die Außenfassaden, den Garten, die Straßen, den Pool, den Trainingsraum usw. zuständig ist und wieviel dieses Management für jeden einzelnen Eigentümer monatlich kostet. Die Durchführung dieser Aufgaben obliegt der beauftragten Verwaltungsgesellschaft.

Bei der Vermietung einer Immobilie (Haus oder Kondominium) in einer solchen Community ist die Verwaltungsgesellschaft der Eigentümergemeinschaft nur teilweise involviert.

Die Eigentümer-Verwaltungsgesellschaft übernimmt keine Aufgaben für den Individualeigentümer wie beispielsweise das Einziehen der Miete, die Vermietung der Immobilie oder die eventuell anfallenden Reparaturen der Immobilie. Auch die Höhe der Miete oder Nebenkostenregelungen mit dem

Mieter liegen nicht im Fokus der Verwaltungsgesellschaft der Eigentümergemeinschaft.

Allerdings haben die Eigentümer der Gemeinschaft ein Genehmigungsrecht bei der Länge der Mietverträge für die Immobilie, der Häufigkeit der Vermietungen und dem Mieter, um sicher zu stellen, dass bei der Vermietung Ihrer Immobilie nicht die Rechte der übrigen Eigentümer verletzt oder beschränkt werden.

Dieses Recht ist in der Gemeinschaftsordnung, die jeder Eigentümer der Gemeinschaft beim Kauf seiner Immobilie erhält, beschrieben. Es hat den Zweck, einen ständigen Mieterwechsel wie zum Beispiel in einem Hotel zu verhindern. Außerdem wird bei jedem Mieter sein finanzieller und krimineller - so der Mieter einen solchen hat - Hintergrund überprüft. In Europa entspricht diese Prüfung einer Kreditwürdigkeitsprüfung und einem Führungszeugnis.

Wenn diese Background-Überprüfung keine Auffälligkeiten zeigt, erfolgt anschließend ein Interview mit einigen Eigentümervertretern, um den neuen Mieter oder Miteigentümer kennenzulernen und diesen mit den Regularien und der Gemeinschaftsordnung vertraut zu machen.

Diese Überprüfungen sind zum Schutz der Gemeinschaft gedacht. Jeder, der in der Gemeinschaft wohnt, soll sich sicher fühlen. Bei diesen Überprüfungen gelten die strengen Grenzen des sogenannten Fair Housing Gesetzes der Vereinigten Staaten.

Dieses Gesetz ist nationales Gesetz, das in allen Staaten gleichermaßen gilt. Die Zuwiderhandlung ist ein Verstoß gegen ein nationales Gesetz und wird von der nationalen Behörde United States Department of Housing and Urban Development verfolgt.

Was bedeutet Fair Housing?

Dies ist ein feststehender Begriff und kann pauschal mit Antidiskriminierungsgesetz im Immobilienbereich übersetzt werden.

Die Amerikaner sind und waren schon immer ein Schmelztiegel der Nationen. Wie Ihnen sicher bekannt ist, hatten auch die Amerikaner einige unschöne Episoden in ihrer Geschichte bei der Integration von anderen Kulturen – wie beispielsweise Afro-Amerikaner, Native Americans - und die Vereinigten Staaten haben daraus gelernt.

Das Fair Housing Gesetz besagt, dass keine Diskriminierung erfolgen darf in den folgenden Bereichen:

Hautfarbe, Rasse, Nationalitätsherkunft, Behinderungen, Religion, Familienstand und sexueller Orientierung.

Diese Regelungen gelten in allen Bereichen des Lebens, aber ganz besonders in allen Bereichen der Immobilienwirtschaft. Die Missachtung dieses Gesetzes zieht rechtliche Konsequenzen für jeden nach sich, der dieses Gesetz nicht beachtet oder dagegen verstößt.

Dieses Gesetz ist auch der Grund, warum Immobilienspezialisten Ihnen auf bestimmte Fragen keine Antwort geben. Solche Fragen sind zum Beispiel:

Ist diese Wohngegend sicher?

Oder gibt es dort Einbrüche?

Wohnen dort viele…?

Der Immobilienspezialist wird Ihnen bei diesen Fragen allenfalls die Webseiten vom Sheriff oder der Polizei nennen, auf denen Sie Informationen zu diesem Thema finden.

Ist eine Immobilie ein lukratives Investment für Sie?

Heute suchen viele nach einer neuen Geschäftsidee, um auf die Schnelle großes Geld zu machen. Aber mal ganz ehrlich – glauben Sie wirklich das Geld fällt wie Manna vom Himmel?

Wer Geld verdienen will, muss schon etwas dafür tun. Das ist schon so seit Urzeiten und das wird auch so bleiben. Um das Korn für mein Brot zu bekommen, muss ich schon im Frühling die Saat ausbringen und die zarten Pflänzchen vom Keimen bis zur Reife hegen und pflegen, wässern und jäten und die Vögel vertreiben, sonst wird es nichts mit meinem Brot.

Das gilt auch, wenn Sie mit Immobilien Geld verdienen wollen. Je nachdem wie viel Sie verdienen wollen in welcher Zeit, bietet Ihnen der Immobilienmarkt in Florida eine gute Basis. Er hat für jeden etwas im Angebot.

Wenn wir unser Beispiel vom Korn zum Brot auf den Immobilienmarkt anwenden, bedeutet es, Sie kaufen günstig ein Haus oder eine Eigentumswohnung. Anschließend renovieren Sie die Immobilie und bringen diese entweder gleich wieder auf den Markt zu einem höheren Preis oder Sie vermieten die Immobilie für einen bestimmten Zeitraum, kassieren Mieten und verkaufen die Immobilie bei einer günstigen Marktlage.

Was günstig ist, hängt von dem Standort der Immobilie und Ihren Erwartungen an das Investment ab. Es gibt einige Standorte, dort bezahlen Sie für eine kleine ein Schlafzimmer/ein Badezimmer-Wohnung so viel wie für ein ganzes Haus an einem anderen Ort. Und doch können Sie für das ein Zimmerapartment nach Renovierung einen prozentual höheren Gewinn erreichen, abhängig von der

Qualität der Renovierung, der Lage der Immobilie und der lokalen Immobilienmarktentwicklung.

Es gibt zahllose sehr lukrative Immobilien im Florida Markt, die Ihren Wünschen und Erwartungen entsprechen. Sie müssen diese nur sorgfältig aussuchen. Diese Immobiliengeschäfte sind für Sie genauso sicher wie in Ihrem Heimatland, wenn nicht sogar sicherer. Sie werden in den USA rechtlich Eigentümer der Immobilie mit allen Rechten und Pflichten. Das ist nicht in allen Ländern der Welt der Fall.

Allerdings ist die Do-It-Yourself Methode bei Immobiliengeschäften in einem fremden Land nicht zu empfehlen, weil die Eigentumsübertragung nicht wie im Heimatland durch einen Notar oder Anwalt erfolgt.

Außerdem kann Ihnen ein Immobiliendienstleister Ihres Heimatlandes bei einem solchen Immobiliengeschäft nicht helfen, weil er die rechtlichen Bestimmungen nicht erfüllt und nicht über die notwendigen Daten und das Wissen verfügt. Das gilt übrigens nicht nur in Florida, sondern auch in jedem anderen Land. Jedes Land hat seine eigenen Immobiliengesetze und Regularien, die bei einer Immobilientransaktion zu beachten sind.

Hier eine Musterrechnung für eine Investmentimmobilie (fiktive Daten):

Apartmenthaus mit 4 Units,

monatliche Miete $800,00 pro Unit,

Cash Kaufpreis $200.000,00,
ein Darlehn ist nicht berücksichtigt.

Mieteinnahmen (4 x $800,00)	$38.400,00
Leerstand 10%	$3.840,00
Effektiveinnahmen (=Bruttoeinnahmen)	$34.560,00
Kosten (geschätzt 40 %) Reparaturen, Versicherung, Steuern etc.	$13.824,00
Operationale Einnahmen (= Nettoeinnahmen)	$20.736,00
Abschreibung (für Wohnraum linear 27,5 Jahre derzeit lt. Steuertabelle)	-$7.272,73
Einkommen vor Steuern (steuerliche Betrachtung und Berechnung wird Ihnen Ihr Steuerberater erklären)	$13.463,27

Wie können Sie Ihren Wohntraum in Florida umsetzen?

Vielleicht besitzen Sie bereits eine Immobilie in Ihrem Heimatland und denken sich, ich weiß schon alles. Was kann mir dieses Buch noch an neuen Erkenntnissen liefern? Wenn ich ein Haus kaufen will, dann gehe ich los und sehe mir welche an. Wenn mir etwas gefällt, rufe ich irgendeinen Makler an oder wenn ein Makler sein Schild im Fenster der Immobilie hat, dann rufe ich eben den an.

Ja, Sie haben Recht. So können Sie es in Deutschland machen, aber andere Länder andere Sitten. Bereits wenn Sie Deutschland verlassen, gelten im Immobilienbereich auch in Europa überall andere Regeln und Gesetze und deshalb ist es ein großer Fehler, sich auf sein deutsches Wissen zu verlassen. Das gilt bereits hinter der nächsten Grenze nicht mehr – vereintes Europa oder nicht.

Und wenn Sie Ihren Blick noch weiter in die Ferne schweifen lassen, wird es noch komplizierter. Egal in welches Land der Erde Sie gehen, um eine Immobilie zu erwerben, der Do-It-Yourself-Weg ist der teuerste, der gefährlichste und der schlechteste.

Nicht nur, dass Sie vielleicht glauben ein Haus gekauft zu haben, aber die fremdsprachlichen Verträge sagen etwas ganz Anderes. Um jetzt Ihr Recht zu bekommen, müssen Sie die Gerichte bemühen und das kann teuer werden. Einen lokalen Immobilienspezialisten zu engagieren, ist die bessere und sicherere Lösung und kostet Sie in Florida nichts, weil der Verkäufer diesen bezahlt.

In anderen Ländern kann es Ihnen sogar passieren, dass Sie glauben eine Immobilie bezahlt zu haben und im Nachhinein feststellen, Sie haben leider Pech gehabt. Es könnte sich zum Beispiel um ein Land handeln, in dem Ausländer keinen Grundbesitz erwerben können. Die nationalen Gesetze verbieten das Immobilieneigentum für Ausländer. Es gilt dann, außer Spesen nichts gewesen und um Ihr Geld zurück zu bekommen, müssen Sie die Gerichte einschalten.

Florida gehört nicht zu diesen Ländern. Hier werden Sie Eigentümer mit allen Rechten und Pflichten. Dennoch ist ein Immobilienkauf in Florida auf eigene Faust nicht zu empfehlen.

Sicher fragen Sie sich warum. Es gibt doch so viele Immobilienwebseiten zu diesem Thema, die alle möglichen Immobilien anbieten. Die Preise sind im Vergleich zu Europa enorm günstig, die Lage und Nachbarschaften sehen toll aus und Sie können sich den Immobilientraum auch finanziell leisten.

Aber – und das ist das wichtigste bei diesem Vorhaben – der

Immobilienkaufprozess wird vollkommen unterschiedlich zu Ihrem Heimatland abgewickelt. Die Aufgaben eines Immobilienmaklers in Europa sind nicht mit denen eines Real Estate Agent oder Broker in Florida vergleichbar. Einen Notar und dessen Aufgaben wie in Europa gibt es nicht und trotzdem ist die Immobilientransaktion extrem sicher und kostengünstig, besonders im Vergleich zu Europa.

Kehren wir vorerst zurück zu den Immobilienseiten im Internet. Die sind alle so schön und bunt. Sie zeigen Ihnen alles in schillernden Farben, aber häufig sind die dort dargestellten Informationen zu den Immobilien nicht vollständig, nicht korrekt oder veraltet. Ein Update erfolgt nicht automatisch, sondern muss manuell vom Datenbesitzer durchgeführt werden. Und wer macht das schon regelmäßig.

Die einzig korrekten Informationen und aktuellen Daten kann Ihnen nur ein lizensierter Immobilienfachmann in den Vereinigten Staaten und in unserem Fall in Florida beschaffen.

Die Immobilienspezialisten in Florida gehören den verschiedenen, lokalen Immobilienkammern an und aufgrund dieser Zugehörigkeit zu diesen Kammern steht ihnen ein Datenpool zur Verfügung, auf den die Portale nicht zugreifen können. Die Immobilienspezialisten bezahlen mit ihren jährlichen Kammergebühren für diese Daten.

Es ist daher in Ihrem eigenen Interesse, einen lokal tätigen Immobiliendienstleister zu beauftragen. Weder ein Makler aus Ihrem Heimatland noch ein Freund aus einer anderen Stadt oder einem anderen Bundesstaat der Vereinigten Staaten kann Ihnen den Service bieten, den Sie für Ihren Immobilientraum in Florida benötigen. Ein solcher Service spart Ihnen Geld und Sie erhalten diesen nur von einem lokalen Immobilienspezialisten.

Ist ein Visum für den Immobilienkauf erforderlich?

Das kommt darauf an, was Sie mit Ihrer Traumimmobilie planen und wie lange Sie sich in den Vereinigten Staaten bzw. Florida aufhalten wollen.

Die Vereinigten Staaten haben mit 38 Staaten weltweit eine sogenannte Waiver Visa Vereinbarung geschlossen. Das bedeutet, dass die Staatsbürger dieser 38 Staaten mit dem Reisepass für 90 Tage einreisen und sich in den Vereinigten Staaten aufhalten dürfen. Arbeiten ist nicht erlaubt.

Eine Möglichkeit, um länger in den Staaten bleiben zu dürfen, sind die unterschiedlichsten Visa. Diese sind bei der jeweiligen Auslandsvertretung der Vereinigten Staaten in Ihrem Heimatland zu beantragen.

Ein Visum, das eine gute Möglichkeit darstellt temporär in den Vereinigten Staaten zu wohnen, ist das Touristen und Businessvisum für 6 Monate. Bei diesem Visum erhalten Sie ein Aufenthaltsrecht für 180 Tage im Jahr. Auch bei diesem Visum ist die Arbeitsaufnahme nicht erlaubt bzw. nur in sehr, sehr eingeschränktem Umfang zugelassen.

Die Visabedingungen ändern sich ständig und sind für jede Person individuell zu betrachten, sodass eine weitere Erläuterung dieses Bereiches hier nicht sinnvoll ist. Wir stehen Ihnen allerdings gern für Ihre Fragen zur Verfügung. Bitte senden Sie uns Ihre Anfrage an die Email am Ende des Buches.

Für den Kauf Ihrer Traumimmobilie in Florida benötigen Sie kein Visum. Eine solche Immobilientransaktion ist mit der Waiver Visa Vereinbarung abgedeckt.

Was macht ein Immobilienspezialist in Florida anders als in Ihrem Heimatland?

Um dieses Thema im Zusammenhang mit Florida zu erläutern, ist es zunächst nötig ein wenig den Immobilienerwerb in Ihrem Heimatland zu untersuchen und den Ablauf zu verdeutlichen. Als Beispiel wählen wir die Immobiliensuche und den Immobilienkauf in Deutschland.

In der Regel beginnt ein Immobilieninteressent seine Suche in den Lokalzeitungen. Er sucht dort auf eigene Faust nach Immobilienangeboten, die für seine Bedürfnisse passend sind. Meist startet die Suche in den Papierausgaben der lokalen Zeitungen und wechselt anschließend auf die diversen Online-Portale im Internet. In den dortigen Immobilienanzeigen hofft der Interessent die passende Immobilie zu finden.

Wenn Sie zum Beispiel eine Wohnung mit drei Zimmern, Küche, Bad für 1.000,00 Euro Miete suchen, werden Sie sicher schnell fündig. In den Online-Medien kann jeder – Wohnungseigentümer oder beauftragter Makler - seine Wohnungen oder Häuser kostenlos oder gegen eine geringe Gebühr einstellen und hoffen, dass genügend Kauf- oder Mietwillige diese Anzeige lesen.

Diese veröffentlichten Anzeigen sind allerdings nur eine limitierte Auswahl von dem gesamten vorhandenen Immobilienmarkt.

Es werden nur die Immobilien veröffentlicht, die der Eigentümer in Eigenregie anbietet oder bei denen sein Makler sich einen besseren Verkaufserfolg verspricht, wenn er die Immobilie aktiv in den Medien bewirbt.

Die Anzeigen auf den Immobilien-Online Portalen sind häufig nicht kostenfrei und zeitlich befristet auf eine Ausgabe oder einen Monat. Wenn die Immobilie nicht innerhalb dieses Zeitraums unter Vertrag ist, fallen neue Anzeigenkosten an.

Der Sinn einer solchen Anzeige ist nicht unbedingt, diese beworbene Immobilie zu verkaufen, sondern viel mehr, Kaufinteressenten zu motivieren, bei dem inserierenden Maklerbüro anzurufen. Mit dem Anruf haben die Maklerbüros die Chance, Sie als Immobilienkäufer zu akquirieren, Ihnen Immobilien anzubieten und zu zeigen und bei Abschluss des Immobilienkaufvertrages von Ihnen eine Provision von 6% zuzüglich Mehrwertsteuer zu bekommen.

In Deutschland ist es üblich, dass der Käufer seinem Makler eine Provision für dessen Dienste bezahlt. Die Dienste, die Sie als Käufer von einem Makler erhalten sind limitierter als in anderen Ländern wie zum Beispiel in den Vereinigten Staaten.

Wenn Sie als Mieter im Immobilienmarkt unterwegs sind, sind Sie für die Bezahlung des Maklers verantwortlich, sobald Sie sich für eine der angebotenen Mietwohnungen entschieden und den Mietvertrag unterschrieben haben. Die Maklergebühr wird auf Basis der Mietzahlung der Immobilie berechnet und darf den gesetzlich regulierten Provisionsbetrag nicht überschreiten.

Auf den Europäischen Immobilienportalen werden auch bereits verkaufte Immobilien-Angebote oder Immobilien, die vom inserierenden Maklerbüros nicht exklusiv vertreten werden, veröffentlicht mit dem Ziel, kaufwillige Kunden oder motivierte Mieter zu akquirieren. Diese Vorgehensweise gilt auch für die auf den Portalen angebotenen Auslandsimmobilien.

Außerdem kann es passieren, dass die inserierten Immobilien

längst nicht mehr auf dem Markt sind und nur deshalb noch auf dem Portal zu sehen sind, weil die Anzeigenperiode noch nicht abgelaufen ist oder weil der Anzeigenverantwortliche das Inserat nicht gelöscht hat.

Auf anderen Portalen werden Immobilien einmal eingestellt und dümpeln dort vor sich hin, weil keine automatische Löschung erfolgt, wenn die Immobilie entweder verkauft oder vermietet ist.

Die Details zu den einzelnen Immobilien sind auch nicht immer aktuell und akkurat, weil diese Anzeigen manuell gepflegt werden müssen und nicht jeder Immobilieninserent nimmt sich die Zeit und Sorgfalt seine Anzeigen aktuell zu halten.

Diese Beispiele zeigen, dass das Immobilienangebot sehr stark von den jeweiligen Anzeigen abhängig ist und dem monatlichen Anzeigenbudget, das für die einzelne Immobilie geplant ist.

Aus diesem Grund ist stets nur eine kleinere Auswahl aller verfügbaren Immobilien mit den aktuellsten Daten im lokalen Immobilienmarkt präsent und sichtbar.

Die hier dargelegten Informationen basieren auf meinen eigenen Erfahrungen und Recherchen im Internet. Die Makler, die meine eigenen Objekte vermarktet haben und verkaufen wollten, habe ich stets mit den korrekten Preisanpassungen und anderen wichtigen Daten versorgt, aber weder haben Sie meine geänderten Daten in den Verkaufsprospekten angepasst noch haben diese Makler mir einen Käufer gebracht.

Bei den Auslandsimmobilien, die Immobilienmakler auf den Webportalen in Europa anbieten, ist Vorsicht angebracht, weil diese meist von amerikanischen oder anderen ausländischen Kollegen abgefragt werden und meist als Lockangebot dienen. Wenn sich wirklich jemand auf diese Traumhäuser meldet, ist die Immobilie längst verkauft oder ist bereits unter Vertrag. Aber der einstellende Immobilienmakler in Europa hat „vergessen" dieses Angebot zu updaten oder nutzt es weiter, um Kunden zu locken.

Es ist daher unbedingt ratsam, einen lokalen Makler in dem jeweiligen Land Ihrer Traumimmobilie einzuschalten. Nur dieser Immobilienspezialist hat das notwendige Wissen und die Erfahrung Ihnen zu helfen, um Ihr Vorhaben erfolgreich umzusetzen.

Der Markt in den Vereinigten Staaten ist wesentlich schneller und dynamischer als dies im deutschsprachigen Raum der Fall ist. Das Immobilienangebot ist wesentlich umfassender und vollständiger präsentiert und im Internet verfügbar. Die zuvor beschriebenen Probleme mit den Immobiliendaten sind im Immobilienmarkt der Vereinigten Staaten nicht vorhanden.

Ein weiterer bedeutender Unterschied zwischen einem deutschen Immobilienmakler und einem amerikanischen ist die rechtliche Seite. Ein deutscher Immobilienmakler kann sein Geschäft von heute auf morgen eröffnen und benötigt nur einen Gewerbeschein vom örtlichen Ordnungsamt. Einen Befähigungsnachweis für seinen Beruf und das entsprechende Wissen ist für seine Tätigkeit nicht notwendig.

In den Vereinigten Staaten ist der Beruf des Immobilien-spezialisten (= Real Estate Professional) völlig anders organisiert. Allerdings arbeiten die Immobilienvereinigungen weltweit daran die Kooperation miteinander zu ermöglichen und zu vereinfachen.

Welche beruflichen Anforderungen gelten für einen amerikanischen Immobilienspezialisten?

Das Berufsbild und der Umfang der Tätigkeit eines Immobilienspezialisten sind in den Vereinigten Staaten vollkommen anders geregelt und organisiert als in vielen anderen Ländern. Die nachfolgende Darstellung zeigt die wesentlichsten Unterschiede im Gegensatz zu einem Makler im deutschsprachigen Raum auf.

Um die Tätigkeit eines Real Estate Agents oder Brokers (= Immobilienspezialist) in den Vereinigten Staaten ausüben zu können, ist zunächst ein Studium dieses Wirtschaftsbereiches erforderlich und zwar in Englisch.

Sobald das Studium abgeschlossen ist, kann die Zulassung zur Staatsprüfung beantragt werden. Bei diesem Zulassungsprozess sind Fingerabdrücke abzugeben und das persönliche Umfeld des zukünftigen Real Estate Agents wird überprüft. Das heißt, für jeden Prüfling wird ein krimineller Hintergrund-Check veranlasst und durchgeführt (entspricht dem Führungszeugnis). Schon eine Strafe für Trunkenheit am Steuer kann das Aus für den neuen Beruf in der Immobilienbranche bedeuten.

Sobald dieser Backgroundcheck abgeschlossen ist, erfolgt die Zulassung zur Prüfung. Diese Prüfung ist sehr anspruchsvoll und umfasst nicht nur berufsrelevante Themen, sondern auch begleitende Berufsthemen wie zum Beispiel Steuerrecht, Vertragsrecht und Finanzierungsoptionen.

Bei dieser Prüfung fallen rund 80 % durch und eine Wiederholung ist nur einmal möglich, ohne das gesamte Studium zu wiederholen.

Nach erfolgreicher Prüfung erhält der Immobilienspezialist

seine Berufslizenz, die vom Gouverneur des Staates Florida erteilt wird.

Der Gouverneur ist vergleichbar einem Ministerpräsidenten eines Bundeslandes in Deutschland. Diese Lizenz ist für zwei Jahre gültig und muss alle 2 Jahre erneuert werden.

Die Erneuerung wird nur erteilt, wenn die erforderlichen Ergänzungsstudien erfolgreich absolviert und dem Staat nachgewiesen werden. Sollten diese Anforderungen für die Lizenz nicht erfüllt sein, erlischt die Lizenz und die Ausübung des Real Estate Berufes ist illegal für diesen Agenten.

Was ist ein amerikanischer Sale Agent oder Associate?

Während der ersten zwei Jahre nach dem Examen arbeitet der Sale Agent (das ist die offizielle Bezeichnung) als Selbstständiger in einem Immobilienbüro, der sogenannten Brokerage unter der Aufsicht eines Brokers.

In dieser Zeit ist die Teilnahme an weiteren vertiefenden Schulungen erforderlich. Diese Schulungen sind der staatlichen Lizenzbehörde nachzuweisen.

Kommt der Sales Agent diesen rechtlichen Anforderungen nicht nach, verliert er seine Lizenz und darf nicht mehr im Immobilienbereich als Sale Agent arbeiten. Tut er es trotzdem, handelt er illegal und kann nach den geltenden Gesetzen rechtlich belangt werden.

Für Sie als Immobilienkäufer ist es wichtig, dass Sie sich nachweisen lassen, dass der Sale Agent eine gültige Lizenz hat, um sicher zu sein, dass er weiß, was er tut und dass er unter der Aufsicht eines Brokers arbeitet.

Welche Aufgaben übernimmt der Sale Agent für Sie?

Ihr Sale Agent ist Ihre Vertrauensperson im Rahmen Ihrer Immobilienkauftransaktion. Er führt Sie durch den gesamten Verkaufsprozess, erklärt Ihnen welche Einzelschritte wann und wie zu erledigen sind. Welche Dokumente für die Einzelschritte zu beschaffen und vorzulegen sind und wann der jeweilige Einzelschritt beendet sein muss, damit der Kaufvertrag erfolgreich abgeschlossen wird.

Sie werden so schnell und glücklich Ihr neues Traumhaus beziehen können.

Was kostet Sie diese Dienstleistung?

Die Dienstleistung eines Sale Agent kostet Sie nichts aus Ihrer eigenen Tasche. Die gesetzlichen Regelungen in den Vereinigten Staaten und auch in Florida sehen vor, dass der Immobilienverkäufer die Kommission im Rahmen der Immobilientransaktion bezahlt.

Weitere Details finden Sie im Kapitel über die Abrechnung Ihrer Immobilientransaktion.

Warum sollten Sie nicht den Listing Agent einer Immobilie anrufen?

Sicherlich können Sie den Listing Agent anrufen, allerdings vergeben Sie damit viele Ihrer guten Karten und erschweren unnötig die Immobilientransaktion. Außerdem sparen Sie dabei absolut nichts, weil Sie Ihren eigenen Real Estate Agent nicht bezahlen. Der Immobilienverkäufer bezahlt Ihren Agenten beim Abschluss der Immobilientransaktion.

Sie sollten den Listing Agent aufgrund der nachstehenden Gründe nicht anrufen:

1. Der Listing Agent hat einen sogenannten Listing Vertrag mit dem Verkäufer des Hauses geschlossen. In diesem Vertrag vereinbart der Listing Agent mit dem Verkäufer, welche Aufgaben und Vermarktungsaktivitäten er für den Verkäufer durchführen wird.

2. Weiterhin vereinbaren der Listing Agent und der Verkäufer, wieviel Kommission im Rahmen dieser Verkaufstransaktion vom Immobilieneigentümer für diese Dienstleistung „Verkauf der Immobilie" bezahlt wird, sobald es zum Vertragsabschluss kommt.

3. Außerdem sollten Sie wissen, dass mit dem Verkaufsauftrag (=Listingvertrag) der Listing Agent und der Verkäufer eine vertrauliche Vertragsbindung eingehen. Das heißt für Sie, der Listing Agent ist die Vertrauensperson des Verkäufers und er wird die besten Interessen seines Vertragspartners (das ist der Verkäufer) im Auge haben. Zu Ihnen als Käufer darf er keine vertrauliche Verbindung aufbauen und Ihre Interessen sind nicht im Fokus des Listing Agent.

Eine dieser vertraulichen oder besten Interessen für den Verkäufer ist der tiefste Verkaufspreis, den er als Verkäufer bereit ist zu akzeptieren. Sie als Käufer sind an dieser Information brennend interessiert, weil es Ihnen die Möglichkeit gibt, ein entsprechend niedriges Kaufangebot zu unterbreiten. Der Listing Agent kennt diesen tiefsten Preis des Verkäufers, aber er darf und wird Ihnen diesen nicht mitteilen.

Auch vertrauliche Informationen über die Immobilie wie etwa Baumängel, werden Sie von ihm nicht erfahren. Er wird

Ihnen lediglich offensichtliche Mängel mitteilen und empfehlen einen Hausinspektor mit der Untersuchung des Hauses zu beauftragen.

Alle Informationen, die Sie dem Listing Agent geben wie zum Beispiel der Preis, den Sie bereit sind zu zahlen, sind für den Listing Agent nicht vertraulich und können an den Verkäufer gelangen. Wollen Sie das riskieren?

Sie geben mir sicher Recht, dass Sie auf verlorenem Posten stehen. Es ist daher für Sie empfehlenswert, einen eigenen Agenten zu beauftragen.

Dieser Agent ist in diesem Fall Ihre eigene Vertrauensperson, dem Sie alle Details anvertrauen. Er darf dieses Vertrauen nicht verletzen. Sollte er es trotzdem tun, haben Sie die Möglichkeit berufsrechtlich gegen diesen Agenten vorzugehen und können bei schweren Vergehen auch Schadensersatz einfordern.

Was ist eine Käufervereinbarung?

Um den richtigen Real Estate Agent zu finden, ist ein erstes gemeinsames Abstimmungsgespräch mit ihm erforderlich. Ziel dieses Gesprächs ist, dass der Sale Agent Ihnen seine Aufgaben und Verantwortlichkeiten und Ihnen Ihre Rechte und Verpflichtungen erklärt.

Im Rahmen dieses Gespräches wird der Sale Agent Ihnen eine Käufer-Vereinbarung vorlegen. Dieses Dokument besagt lediglich, dass Sie als Käufer und er als Agent zusammen eine Immobilienkauftransaktion abwickeln.

Mit diesem Dokument verpflichtet sich der Agent zur Verschwiegenheit und dass er ausschließlich Ihre Käufer-

interessen vertreten wird gegenüber dem Immobilienverkäufer und dessen Listing Agent. Gleichzeitig verpflichten
Sie sich, mit Ihrem Sale Agent vertrauensvoll zusammen-
zuarbeiten und alle für die Transaktion notwendigen
Dokumente und Informationen bereitzustellen.

Außerdem wird in dem Dokument festgelegt, welche Art
von Immobilie Sie suchen und zu welchem Zweck, wieviel
Sie maximal bezahlen wollen und wann Sie die Immobilie
beziehen wollen und wo die Immobilien liegen soll.

Dieses Dokument ist für Sie ein zusätzlicher Schutz-
mechanismus, denn sollte es zu Unregelmäßigkeiten
kommen, haben Sie ein Dokument, das gerichtlich einklagbar
ist. Mündliche Vereinbarungen sind vor Gericht nicht
einklagbar.

Wie bereits zuvor beschrieben kostet Sie dieser Käufer
Service nichts, weil Ihr eigener Agent beim Vertragsabschluss
vom Immobilienverkäufer bezahlt wird.

Was ist ein Realtor?

In vielen Publikationen sehen Sie den Begriff „Realtor" und
sicher wissen Sie nicht genau, was das ist.

Der Realtor ist ein geschützter Begriff und darf nur von
Immobilienfachleuten benutzt werden, die dieser Nationalen
Immobilien Kammer angehören. Der vollständige Name der
Kammer ist National Association of Realtors (NAR) mit Sitz
in Chicago, Illinois.

Die Aufgabe dieser Kammer ist die Berufsstandards der
Immobilienbranche festzulegen und zu überwachen.
Außerdem vertritt diese Kammer die Belange der Real Estate

Professionals und der Immobilieneigentümer national und international.

Die sogenannten Berufsstandards sind zusammengefasst in dem Code of Ethics. Dieser Code legt die Regeln und Regularien fest, nach denen die Immobilienfachleute mit Ihren Kunden, der Öffentlichkeit und mit anderen Real Estate Professionals zusammenarbeiten.

Diese Regularien werden jährlich nach den neuesten Geschäftspraktiken und an neuesten Gesetzesvorgaben angepasst.

Jeder Immobilienfachmann, der der National Association of Realtors beitritt, ist verpflichtet nach diesen Regularien und Regeln zu handeln. Im Gegenzug darf er den rechtlich geschützten Titel „Realtor" tragen.

Im Umkehrschluss bedeutet es allerdings auch, dass es sehr wohl Immobilienkaufleute gibt, die nicht dieser Organisation angehören und diese sind dann keine Realtors. Ob diese Immobilienkaufleute sich an den Code of Ethics halten, überlasse ich Ihrer Beurteilung.

Es ist daher immer zu empfehlen, einen Realtor einem Nicht-Realtor vorzuziehen, weil die moralische Verpflichtung für den Real Estate Professional stärker ist.

REALTOR®

Was bedeuten die Abkürzungen auf den Visitenkarten bei den Immobilienspezialisten?

Sobald ein Immobilienfachmann seine Prüfung erfolgreich abgeschlossen und seine Lizenz erhalten hat, darf er legal im Real Estate arbeiten. Bei den erworbenen Kenntnissen in der Immobilienbranche handelt es sich um das Normalgeschäft - einfache Käufe und Verkäufe oder Vermietungen.

Es gibt allerdings noch viele weitere Zusatzausbildungen, die sich nur mit einem Teilbereich des Immobiliengeschäfts befassen. Diese Zusatzausbildungen sind in Zusammenarbeit mit der National Association of Realtors erstellt worden und stehen jedem Realtor für die Teilnahme offen. Jeder Realtor kann entscheiden, ob er sein eigenes Geld und seine Zeit für eine solche Zusatzausbildung investiert.

Diese Zusatzausbildungen werden nicht auf die Weiterbildung zur Erhaltung der Immobilienlizenz angerechnet. Sie sind ein Add-On und dokumentieren, dass der Immobilienspezialist in seinem Beruf engagiert ist und sich weiterentwickelt. Je mehr Ausbildungen er/sie hat, desto besser ist der Wissen und die Befähigung Ihnen erfolgreich zu helfen.

Einige Beispiele für einen international/global engagierten Real Estate Professional sind CIPS, TRC und RSPS. Die Zusatzausbildung ABR ist nicht ausschließlich auf die internationale Immobilientransaktion beschränkt, sondern fokussiert sich auf den Immobilienkäufer – national und international.

Was bedeutet CIPS?

Die Abkürzung CIPS bedeutet Certified International Property Specialist – auf Deutsch zertifizierter internationaler Immobilien Spezialist.

Diese Zusatzausbildung befasst sich mit internationalen Immobilientransaktionen und ist eine Ausbildung der National Association of Realtors.

Der Realtor mit dieser Ausbildung ist geschult im Umgang mit ausländischen Immobilieninteressenten. Sie wissen, dass im jeweiligen Heimatland des Käufers eine Immobilientransaktion nicht nach den gleichen Regeln abläuft wie in den Vereinigten Staaten.

Meine Person kann in diesem Fall als gutes Beispiel dienen. Meine Ausbildung machte ich in der größten deutschen Bank in der Immobilienfinanzierung. Diese Erfahrungen und mein Wissen kombinierte ich mit einem Real Estate Studium in Florida und betreue heute mit meiner Brokerage internationale Immobilientransaktionen. In diesem Fall sind beide Seiten Europa und Vereinigte Staaten perfekt verknüpft.

TRC

Was heißt TRC?

Die zweite Zusatzausbildung TRC bedeutet Transnational Referral Certification und bedeutet, dass die transnationale Zusammenarbeit mit einem Immobilienfachmann eines anderen Landes für mich zum Alltag gehört.

Diese Zusatz-Zertifizierung erleichtert die Zusammenarbeit mit einem Makler aus Ihrem Heimatland auf Basis der geltenden Immobiliengesetze in Florida und den Vereinigten Staaten.

Wenn Sie zum Beispiel einen Makler im deutschsprachigen Raum haben, so kann dieser mit Ihrem Einverständnis mit mir zusammenarbeiten. Diese Zusammenarbeit ist für Sie als Kunden kostenfrei.

Die Referralvereinbarung wird zwischen den beiden Immobilienfachleuten getroffen. Diese Vereinbarung regelt in wieweit der amerikanische Realtor dem ausländischen Makler eine Vergütung zahlen darf.

Eine solche Vergütung kann für Ihren heimatlichen Makler lukrativ sein und bedeutet für diesen keinen oder nur geringen Aufwand. Ihr heimatlicher Immobilienfachmann stellt lediglich den Kontakt zu einem lokalen Florida-Broker her und der amerikanische Real Estate Broker übernimmt alle weiteren Aktivitäten und betreut Sie als Kunden in Florida.

Eine solche Referral-Vereinbarung kann aus amerikanischen Rechtsgründen nur zwischen zwei Immobilienfachleuten getroffen werden. Referral-Vereinbarungen mit einer Privatperson und die Bezahlung von Vermittlungsgebühren an Privatpersonen sind illegal.

Was ist RSPS?

Eine weitere Zusatzausbildung ist die RSPS – Resort and Second Home Property Specialist. Ein solcher Spezialist ist schwerpunktmäßig mit dem Feriendomizil- und Ferienhaus-Immobilienmarkt vertraut.

Sein Fokus ist die Immobilientransaktionen zu betreuen, die sich auf Lifestyle wie zum Beispiel Golf oder Yachtliebhaber konzentriert. Diese Spezialisten kennen sich gut in diesen Bereichen aus und helfen Ihnen genau die richtige Immobilie für Ihren Lifestyle-Traum zu finden.

RSPS
Resort & Second-Home Property Specialist

Was bedeutet ABR?

Die Zusatzausbildung ABR bedeutet Accredited Buyer Representative und heißt auf Deutsch Akkreditierter Käufer Vertreter.

Das klingt ein wenig gestelzt, ist allerdings eine wichtige Zusatzausbildung, die den Fokus auf die Immobilienkäuferbelange und dessen beste Interessen legt.

Der Käufer Repräsentant ist Ihre Vertrauensperson in der Immobilientransaktion, wenn Sie der Immobilienkäufer sind. Mit ihm können Sie vertrauliche Informationen austauschen ohne dass Sie Gefahr laufen, dass der Verkäufer diese Informationen erfährt.

Aufgabe Ihres Käufer-Agents ist es, Ihnen die für Sie passende Immobilien aus allen verfügbaren Immobilien zu suchen, Ihnen die Immobilie zu zeigen und alle erforderlichen Aktivitäten innerhalb der Kaufprozessabwicklung zu koordinieren. Im Rahmen der Kaufprozessbeschreibung werden Ihnen die Details und seine Aufgaben dargestellt.

Dies ist nur ein kleiner Einblick in die für Sie relevanten Zusatzausbildungen eines Florida Real Estate Professional. Diese Darstellung ist nicht vollständig und Zusatzausbildungen für andere Immobilienspezialgebiete sind nicht relevant für das Thema dieses Buches.

Lassen Sie sich bei Ihrem Erstgespräch mit Ihrem amerikanischen Real Estate Spezialisten seine entsprechenden Zusatzausbildungen zeigen und erklären. Diese Ausbildungen sind erarbeitet von der National Association of Realtors und anerkannt in der Immobilienbranche. Sie sind daher ein Gütesiegel für Ihren Immobilien Spezialisten.

Warum wollen einige Agent nicht mit mir arbeiten?

Auch ich habe diese Erfahrung gemacht als ich noch kein Broker war, dass Real Estate Agent nicht zurückrufen oder mir ein bestimmtes Haus nicht zeigen wollte. Diese Erfahrungen sind frustrierend und ärgerlich, aber es gibt eine Erklärung dafür.

Die amerikanischen Immobilienfachleute sind nicht bei dem jeweiligen Broker fest angestellt. Damit meine ich, dass sie kein monatliches Gehalt beziehen. Der Agent wird nur bezahlt, wenn eine Immobilientransaktion abgeschlossen wird. Das heißt, er wird nur bezahlt, wenn Sie als Immobilienkäufer in der Lage sind, eine Immobilie zu bezahlen.

Der Agent bekommt auch keine Kostenerstattung zum Beispiel für Benzin, wenn er mit Ihnen als Kaufinteressenten herumfährt und Immobilien zeigt.

Eine weitere wichtige Information ist, dass der Agent die Kommission, die er bei der Immobilientransaktion verdient, mit seinem Broker teilen muss. Das Splittverhältnis zwischen Broker und Agent ist von Brokerage zu Brokerage unterschiedlich.

Aufgrund dieser Voraussetzung macht es für den Immobilien-Agent nur Sinn, Ihnen sein Wissen und seine Erfahrung bereitzustellen und Ihnen Immobilien zu zeigen, wenn Sie als Käufer auch in der Lage sind eine Immobilientransaktion abzuschließen und den Kaufpreis zu zahlen.

Um herauszufinden, ob Sie ein solcher Kunde sind, wird er von Ihnen den Nachweis Ihrer finanziellen Kaufmittel verlangen und mit Ihnen die Möglichkeit einer Immobilienfinanzierung erörtern, wenn Ihre finanziellen Mittel für die Bezahlung der Immobilie nicht ausreichen.

Ein solches Vorgehen ist Ihnen sicher von Ihrem Heimatland bekannt. Auch dort können Sie eine Immobilie erst dann erwerben und in Verhandlungen treten, wenn Sie entweder über genügend Barmittel verfügen oder eine entsprechende Kreditzusage Ihrer Bank haben.

Ohne diese Information macht es für den Immobilienagent wenig Sinn, mit Ihnen auf Immobiliensuche zu gehen. Sobald Sie die passende Immobilie gefunden haben, müssen Sie sofort handeln oder die Immobilie wird Ihnen von einem anderen Interessenten vor der Nase weggeschnappt.

Meist gibt es für eine Immobilie mehr als einen Kaufinteressenten und nur der Käufer, der die besten Argumente – Cash oder Kreditzusage – hat, gewinnt den Kaufzuschlag.

Wie finden Sie den richtigen Immobilienfachmann?

Es ist wie in jedem Dienstleistungsbereich. Sie sprechen mit einigen Real Estate Agent und je nachdem welcher Ihnen am kompetentesten erscheint und Ihnen am sympathischsten ist, mit dem starten Sie Ihre Immobilientransaktion.

Sie können sicher auch Ihren Freund fragen, allerdings ist dabei zu bedenken, Ihr Freund ist nicht Sie. Wenn Ihr Freund zum Beispiel sehr gut mit dem Sale Agent A zusammenarbeiten kann, heißt dies noch lange nicht, dass auch Sie gleichfalls eine positive Erfahrung machen werden.

Misstrauen Sie auch den Renn- und Ratinglisten, weil diese häufig nicht der Realität entsprechen. Es handelt sich oft um Gefälligkeitsbewertungen.

Ich selbst erhalte täglich mehrere Anfragen, mit der Bitte um eine Rekommendation. Die Anfrager wollen von mir eine positive Bewertung erhalten, obwohl ich mit diesen Personen noch nie zusammengearbeitet habe und daher auch keine Einschätzung ihrer Kenntnisse und Fähigkeiten geben kann.

Verlassen Sie sich auf Ihr Bauchgefühl und auf die nachweisbaren Befähigungsnachweise. Jeder Real Estate Professional wird Ihnen diese bereitwillig zeigen, wenn er nichts zu verbergen hat. Außerdem gilt wie in jedem anderen Business: Klasse ist besser als Masse.

Das bedeutet, es gibt Massen von Real Estate Professionals, aber nur eine kleinere Gruppe ist erstklassig ausgebildet und erfahren im international Immobiliengeschäft.

Für Fragen, die in diesem Zusammenhang noch offen sind, können Sie uns gern per Email kontaktieren. Die Adresse finden Sie am Ende des Buches.

Im Anschluss finden Sie eine Tabelle, in der die Berufsunterschiede gegenüber gestellt werden.

	Vereinigte Staaten	Deutschland
Wer bezahlt Agent	Verkäufer	Käufer/ Verkäufer
Aufgabe	Suchen, zeigen, Transaktion begleiten	Nur suchen und zeigen
Schlüssel der Immobilie	Jeder Agent hat Zugang zu jedem Haus	Schlüssel ist entweder beim Verkäufer oder bei dem Makler, der die Immobilie betreut
Wer erstellt den Vertrag	Agent erstellt den Vertrag basierend auf Standardverträgen des jeweiligen Staates	Ein Notar erstellt den Vertrag, Makler nimmt selten an der Beurkundung teil
Berufsstandskontrolle	Ja, Staatslizenz	Nein
Weiterbildung erforderlich	Ja, anderenfalls wird die Lizenz nach 2 Jahren nicht mehr verlängert	Keine Fortbildung erzwungen
Kommission	6% des Kaufpreises, bezahlt vom Verkäufer	6% zzgl. MwSt vom Käufer/Verkäufer, je nach Vereinbarung
Rechtliche Kontrolle	Ja, durch staatliche Florida Real Estate Kommission, die auch Bestrafungsmacht haben, außergerichtlich und günstig	Keine staatliche Kontrolle

Die Immobilienkauftransaktion in den Vereinigten Staaten – Beispiel Florida

Mit den vorausgeschickten Informationen über die Immobilienbranche in Amerika, können wir uns dem nächsten Schritt zuwenden: Der Suche Ihrer Traumimmobilie und deren erfolgreichem Kauf.

Sicher sind Sie schon gespannt, wie Sie jetzt zu Ihrer Traumimmobilie kommen. Es ist unbedingt notwendig, sich vorab über die wichtigsten und entscheidenden Punkte Ihres Vorhabens „Ihre Residenz im Paradies" zu informieren und sich erste Gedanken zu machen. Sie haben dann nämlich eine Vorstellung, was Sie erwartet und wie der Real Estate Professional Ihnen helfen wird, Ihr Ziel zu erreichen.

Außerdem erleichtert Ihnen Ihr Wissen, den richtigen und für Sie passenden Immobilienspezialisten zu finden. Sie merken sehr schnell, wenn einige Details, die Ihr Agent Ihnen erzählt, nicht stimmen.

Es ist auch leichter für Sie, wichtige Fragen zu stellen und diese an den Agenten zu kommunizieren. Sie wissen jetzt, was Sie von ihm erwarten können.

Ist das nicht wesentlich angenehmer und sicherer für Sie, als sich auf die Nachbarschafts- und Freunde-Gerüchteküche zu verlassen?

Vergessen Sie nie, was bei Ihrem Freund oder Nachbarn geklappt hat, muss bei Ihrem Vorhaben „Traumimmobilie" noch längst nicht klappen. Jedes Traumhaus hält versteckte Überraschungen bereit, die gemeinsam von Ihnen und Ihrem Immobilienagenten zu entdecken und zu klären sind.

Ihr Immobilienspezialist wird Ihnen die Abwicklung einer Immobilientransaktion in den Vereinigten Staaten, die völlig unterschiedlich zu vielen anderen Ländern der Welt ist, erklären. Er hat einen weitaus umfangreicheren Aufgabenkatalog mit Ihnen gemeinsam abzuarbeiten als in Europa. Er ist der Dreh- und Angelpunkt Ihrer Immobilientransaktion. Nur mit ihm gemeinsam werden Sie Ihre Traumimmobilie zu den bestmöglichen Bedingungen bekommen.

Ihr Immobilien Agent wird Ihnen den komplexen Kaufprozess leicht und verständlich darstellen, damit Sie schnell und stressfrei Ihre Traumimmobilie bekommen. Nur wenn Sie ein glücklicher Immobilieneigentümer sind, wird auch er zufrieden sein, weil er dann bezahlt wird.

Auf geht's mit Ihrem Projekt „Ihre Residenz im Paradies".

Einige Vorüberlegungen vor der Immobiliensuche

Wenn Sie bereits in Florida waren, kennen Sie bereits ein wenig von Land und Leuten. Sie haben ein Gefühl dafür, was Sie an diesem Land schätzen und wo es Ihnen am besten gefällt.

Wenn Sie Florida Neuling sind, stellen Sie sich einige einfache aber wichtige Fragen:

- Wann wollen Sie in Florida sein und wie lange?
- Wollen Sie viele Partyerlebnisse oder eher die Ruhe und Entspannung?
- Sind Sie ein Sportenthusiast oder eher der Faulpelz mit ausgeprägtem Hang zum Sonnenbaden?
- Fahren Sie lieber Boot, zum Fischen oder Tauchen?
- Ist Kultur und Entertainment des Landes etwas Unerlässliches oder ist es eher die Natur?
- Wie viele Wohnräume sind für Sie richtig?
- Welche Ausstattung wünschen Sie sich?
- Wieviel wollen Sie investieren?
- Wie wollen Sie die Immobilie bezahlen?

Machen Sie eine Checkliste mit den Antworten und nehmen Sie diese mit zu Ihrem zukünftigen Real Estate Agent in Florida.

Den Immobilien-Standort festlegen

Für die Unternehmungslustigen unter Ihnen sind zum Beispiel Immobilienstandorte südlich von Fort Lauderdale bis südlich von Miami und in Key West zu empfehlen.

In diesem Bereich liegen die Hochburgen des Tourismus im

südlichen Florida und dort sind ständig Party und Events. Die beiden großen internationalen Flughäfen in Miami und Fort Lauderdale sind exzellente Startpunkte für Ihre Entdeckungsreise Florida.

Außerdem haben beide Städte große Kreuzfahrthäfen, von denen die Kreuzfahrtschiffe in die Karibik starten. In Fort Lauderdale liegen Flughafen und Kreuzfahrthafen sogar in einem Radius von einer Meile.

Key West, der südlichste Punkt der Vereinigten Staaten, ist eine weitere Touristenattraktion und ist per Auto oder Boot von Miami aus leicht zu erreichen.

Key West hat sich nicht nur den Charme eines ehemaligen Piratennestes erhalten, sondern ist auch eine Künstlerkolonie, in der schon Ernest Hemingway, Tennessee Williams und Robert Frost gelebt und gearbeitet haben.

Diese Standorte haben direkten Zugang zum Meer und eignen sich ausgezeichnet als Standort für Bootseigentümer. Ihr Boot können Sie im Garten entweder auf einem Trailer oder noch besser an Ihrem eigenen Privat-Dock parken.

Der Zugang zum Atlantischen Ozean ist in vielen Wohngebieten schnell über die vielen Kanäle und den Intracoastal Waterway möglich.

Der Intracoastal ist ein natürlicher Kanal, der an der gesamten Ostküste von Key West bis nach Maryland führt. Dieser Wasserweg kann auch von Segelbooten mit hohen Masten befahren werden, weil Zugbrücken die Durchfahrt ermöglichen. Es versteht sich von selbst, dass diese Standorte bevorzugte und elegante Wohngegenden sind.

Der Zugang in den Intracoastal Waterway ist durch die diversen Inlets entlang der Ostküste möglich. Bei den Inlets handelt es sich um natürliche Einfahrten vom Ozean. Die Inlets in der Nähe von Fort Lauderdale sind die Hafeneinfahrt beim Kreuzfahrthafen im Süden und das Hillsboro Inlet im Norden.

Miami ist aufgrund seiner Einwohner, die zu einem großen Teil aus Südamerika und Kuba stammen, kulturell stark lateinamerikanisch und spanisch beeinflusst. Fort Lauderdale hingegen ist mehr US-amerikanisch geprägt und in Key West mixt sich noch der Karibische Einfluss dazu. Diese Mischung ist auch an der südlichen Westküste von Florida zu finden, allerdings in einer beschaulicheren Atmosphäre.

In Central Florida ist Orlando mit seinen Entertainment-parks Walt Disney World, Universal Studios und vielen weiteren Parks. Strände und Wassersport wie zum Beispiel Boot fahren und Angeln auf hoher See, ist hier erst nach einer Stunde Autofahrt zur Ost- oder Westküste möglich.

Weitere Interessenschwerpunkte in dieser Region sind unter anderem der Weinanbau und Naturparks sowie das NASA Gelände mit dem Kennedy Space Center.

Je weiter Sie nach Norden kommen, desto mehr finden Sie den Südstaaten Charme wie aus dem Film Vom Winde verweht und das Flair des Bibel-Gürtels (= Biblebelt). Das Wetter ist gemäßigter. Im Sommer gibt es angenehme Temperaturen tagsüber und im Winter kann es auch den einen oder anderen Kälteeinbruch mit vereinzelten Schneeflocken geben.

Kälteeinbrüche im Winter sind im südlichen Florida äußerst selten und Schneeflocken gibt es nicht, es sei denn, diese werden künstlich erzeugt wie bei einem Winterevent in Miami.

Wenn es trotzdem dazu kommt, sind diese Kälteperioden

nur von kurzer Dauer und tagsüber sind die Temperaturen stets angenehm mild wie der Sommer in Norddeutschland.

Im Sommer bleiben die Temperaturen unter 100 Grad Fahrenheit – das entspricht etwa 37,7 Grad Celsius. In Deutschland sind Temperaturen über 25 Grad selbst im Sommer eine Seltenheit.

Diese Kurzcharakterisierung von Florida ist für Sie als erste Entscheidungshilfe gedacht, damit es Ihnen leichter fällt, einen geeigneten Standort für Ihr Traumhaus auszuwählen.

Die Traumimmobiliengröße festlegen

Diese Frage ist relativ einfach zu beantworten, wenn Sie wissen wie groß Ihre Familie ist. Pro Person wird von einem Schlafzimmer ausgegangen. Für das Eigentümerehepaar oder die Eltern wird ein gemeinsames Schlafzimmer gerechnet.

Normalerweise hat jedes Schlafzimmer in den neueren Immobilien ein eigenes Badezimmer oder zwei Schafzimmer haben ein gemeinsames Bad, das von beiden Schlafzimmern zugänglich ist.

Das Schlafzimmer des Hausbesitzers oder des Ehepaares hat immer ein eigenes Badezimmer. Dieses Badzimmer hat häufig eine Badewanne und eine separate Dusche sowie zwei Waschbecken und eine separate Toilette.

Die Badezimmer der übrigen Zimmer haben meist nur eines von beiden – entweder eine Dusche oder eine Badewanne - sowie ein Waschbecken und eine Toilette.

Gästetoiletten bestehen aus einer Toilette und einem kleinen Waschbecken. Diese Gästetoilette ist nicht mit einem Schlafzimmer verbunden und befindet sich in der Nähe der

Gemeinschaftsräume – Küche, Wohnzimmer, Esszimmer oder dem Familienraum.

Die Gemeinschaftsräume werden bei den Immobilien- beschreibungen in den Onlineportalen nicht explizit erwähnt und gelten als Standard. In den Beschreibungen werden aus- schließlich die Anzahl der Schlafzimmer und Badezimmer als Größenkategorie verwendet.

Die Beschreibung auf den Portalen lautet etwa wie folgt: „3 Schlafzimmer, 2 Bäder Haus …". Damit wissen Sie, dass ein Eheschlafzimmer sowie zwei weitere Schlafzimmer vor- handen sind. Das Haus ist damit für vier Personen ausreichend.

Wenn Sie dort mit Ihrer Familie leben und pro Schlafzimmer zwei Kinder unterbringen ist das sicher okay, aber beim täglichen Zähneputzen und Toilettenaktivitäten werden Sie Probleme bekommen. Wenn Sie ein solches Haus als In- vestment betrachten, werden Sie es nicht an eine kinderreiche Familie vermieten können.

Wissenswerte Besonderheiten bei Florida Immobilien

In den amerikanischen Häusern werden Sie selten an der Wand stehende Kleiderschränke finden. Die Schränke sind gleich beim Hausbau in die Zimmerwände mit eingebaut und werden mit Holz- oder Metall-Falttüren verschlossen. Auch Spiegeltüren sind möglich – ganz wie es Ihnen beliebt. Diese Lösung ist platzsparende und angenehm, wie ich finde.

Bei entsprechendem Platz sind die Schränke auch begehbar wie ein separates Zimmer und bieten viel Platz mit individuellen Gestaltungsmöglichkeiten wie beispielsweise

Regal, Kleiderstangen und Schubladen im Schrankinneren.

Außerdem werden die Immobilien häufig mit funktionsfähiger Küche und Waschraumausstattung verkauft. Zu einer Basis-Küchenausstattung zählen ein Kühlschrank und ein Herd. Ein Upgrade einer Küche ist der Geschirrspüler, Mikrowellenherd und Abfallzerkleinerer (=Disposal). Wenn Sie Glück haben, beinhaltet Ihr neues Traumhaus auch eine Waschmaschine und einen Trockner, weil das Trocknen im Garten nicht üblich ist.

Unabhängig von der vorstehenden Ausstattung gehören zu jeder Immobilie in Florida ein Heißwasserboiler und die Klimaanlage.

Für Sie heißt das, dass Sie relativ schnell in ein Haus mit Basic-Ausstattung einziehen können. Sie können kochen, waschen, duschen und Ihre Kleider gleich in den Schrank hängen.

Naja, ein Bett für die erste Nacht werden Sie sicher auch schnell beschaffen können und damit sind Sie nicht mehr auf ein Hotel angewiesen.

Wie Sie bei Ihren Besichtigungen feststellen werden, sind die meisten Küchen mit Elektroherden ausgestattet. Gasherde sind seltener zu finden. Wenn Sie Gas bevorzugen, ist dies eine wichtige Information, die Sie Ihrem Agenten mitteilen sollten, damit er seine Suche entsprechend anpassen kann.

Zu einer Immobilie gehört ein Heißwasserboiler mit unter-schiedlichen Wassertankgrößen. Die in Europa üblichen Durchlauferhitzer sind in Florida unüblich, können aber bei einer Renovierung nachgerüstet werden.

Eine funktionsfähige Klimaanlage ist ebenfalls Standard in Immobilien in Florida aufgrund des ganzjährigen angenehm warmen Wetters. Bei den Klimaanlagen gibt es zentrale Anlagen, deren Airhandler innerhalb des Hauses installiert ist während der Kühler (=Condensor) im Garten steht. Eine solche zentrale Aircondition-Einheit ist sparsamer im Energieverbrauch als die Wandanlagen und angenehmer für die Hausbewohner.

Fenster- oder Wandklimaanlagen sind in vielen älteren Häuser noch vorhanden. Diese Klimaanlagen sind wie der Name bereits andeutet entweder in die Wand oder in ein Fenster eingebaut. Sie werden mit Elektrizität betrieben. Diese Anlagen sind in der Anschaffung billiger als eine zentrale Klimaanlage, aber sie sind selten energieeffizient und im Verbrauch teuer.

Ein separater Waschraum mit Waschmaschine und Trockner ist nicht in allen Immobilien vorhanden. Bei einigen Immobilien wird ein Teil der Garage als Waschraum genutzt. Die Waschmaschine und der dazugehörende Trockner sind oft, aber nicht immer im Kaufpreis der Immobilie inbegriffen.

Das Haus für Ihr liebstes Spielzeug – Ihr Auto

Auch Ihr Auto mag ein Dach über dem Verdeck. Viele Immobilien haben eine Garage. Diese dient nicht nur als „Haus" für Ihr Auto, sondern auch als Abstellraum für Gartengeräte, Fahrrad oder Hobby. Einen Keller gibt aus den bereits erwähnten Gründen für diese Aufgaben nicht.

Abhängig von der Größe der Häuser sind häufig zwei oder mehr Garagenplätze vorhanden. Zusätzlich sind vor dem Haus oder der Garage noch weitere ein bis zwei Stellplätze möglich. Es gibt normalerweise keine Beschränkung der

Fahrzeuganzahl bei einem Haus, aber alle Fahrzeuge müssen auf gepflasterten Flächen abgestellt werden.

Die Entfernungen in den Vereinigten Staaten sind wesentlich grösser als in Europa und daher besitzt eine amerikanische Familie häufig mehr als ein Auto. Es ist daher ausreichend Parkraum für die Fahrzeuge vorhanden.

Bei älteren Häusern werden Sie meist einen Carport für ein Auto finden und weitere Stellplätze im Freien vor dem Haus.

...und der Pool im Garten

Sobald Sie die Größe Ihrer Immobilie für sich festgelegt haben, ist die nächste Frage ob Sie einen Pool haben möchten.

Ein Haus mit Pool im Garten ist in Florida zu einem erschwinglichen Preis zu bekommen. Die Pools haben unterschiedliche Größen, Formen und Ausstattungen.

Die einfachste Variante sind Pools, die oberirdisch im Garten stehen. Diese sind im Vergleich zu den versenkten Pools wesentlich günstiger in der Anschaffung, aber umständlicher zu reinigen und zu pflegen.

Die meisten Pools sind im Gartenboden versenkt und mit einem Pooldeck umgeben. Dieses Pooldeck kann eine schmale Umrandung sein oder ein breiter Rand auf dem Sonnenliegen, Tisch und Stühle Platz finden.

Die Form der Pools kann rechteckig oder in freier Form sein. Wenn das Grundstück nur einen kleineren Garten hat, werden Sie häufig einen Freiform-Pool finden, weil diese Form meist platzsparender ist als die rechteckige.

Viele Pools haben keine Heizung, weil die Sonne als natürliche Heizung genutzt wird. Außerdem wollen Sie den Pool sicher zur Abkühlung nutzen und nicht als übergroßen Badewannenersatz.

Unabdingbar für Pools ist die regelmäßige Reinigung per Hand oder maschinell und das Beifügen von Chemikalien, damit der Pool nicht grün wird und Insekten als Brutaufzuchtstation für den Nachwuchs dient.

Bitte ein Dock

Haben Sie schon eine eigene Yacht oder beabsichtigen Sie sich eine zu kaufen, dann ist ein privates Bootsdock zu berücksichtigen bei Ihrer Immobilienentscheidung.

Das private Bootsdock ist für Sie die ideale Parkmöglichkeit für Ihre eigene Yacht. Diese Privat-Docks sind an den vielen Kanälen in Süd-Florida zu finden und gehören wie der eigene Pool zum Haus.

Die Breite und Tiefe von den Kanälen in Florida ist unterschiedlich und bestimmen die Größe Ihres Bootes. Die Fahrrinnen in den Kanälen werden häufig von den jeweiligen Städten unterhalten; das heißt auf konstante Wassertiefe ausgebaggert, wenn es nötig ist. Für den Unterhalt der Dockanlage inklusive der Uferbefestigung und die Poller des Docks ist der Hauseigentümer zuständig.

Die Tiefe und Breite des Kanals sowie die Länge der privaten Dockanlage begrenzt die Größe des erlaubten Bootes, weil stets ausreichend Platz zum Manövrieren und Drehen für alle Kanalanwohner vorhanden sein muss.

Für den Fall, dass Sie keine Immobilie mit passendem

Bootsdock finden konnten, haben Sie in vielen Städten die Möglichkeit Ihr Boot in Ihrem Garten auf einem Trailer zu parken oder Sie mieten sich einen Liegeplatz in einer der vielen Marinas in Florida.

Wo bitte geht's zum nächsten Golfplatz?

Diese Frage ist einfach zu beantworten und es kommt nur darauf an, was Sie unter dem Begriff „nächsten" verstehen.

Wenn Sie das Golf Grün gleich vor der Haustür haben wollen, dann ist ein Haus auf einem Golfplatz richtig. Sie können zum Abschlag gleich zu Fuß gehen und jeden Tag Ihre Runden spielen.

Sollte dieses nicht ganz Ihr Geschmack sein, weil eventuell die übrigen Golfspieler auch mal in Ihren Garten schauen, dann bleibt Ihnen die Möglichkeit, für Ihre tägliche Runde Golf entweder zum nächsten Club oder einen der öffentlichen Golfplätze zu fahren.

Häufig finden Sie in unmittelbarer Nähe der vielen öffentlichen Golfplätze auch weitere Sportstätten wie zum Beispiel Tennisplätze, Baseball-, Basket- und Volleyballanlagen sowie öffentliche Schwimmbäder.

Hilfe – der Garten muss gepflegt werden…

Die offenen Fragen sind, wieviel eigene Arbeit wollen Sie in die Pflege Ihres Gartens investieren? Wohnen Sie das gesamte Jahr in Ihrer Immobilie? Sind Sie nur einige Wochen oder Monate in Florida? Wohnen Sie in einer Community?

Wenn Sie die Immobilie ganzjährig bewohnen, können Sie

selbst für die Unterhaltung Ihres Gartens Sorge tragen. Das heißt, Sie mähen Ihren Rasen selbst und schneiden Ihre Büsche und Hecken. Außerdem jäten Sie das Unkraut und Wässern die Pflanzen selbst.

Sollten Sie nicht ganzjährig in Ihrer Immobilie wohnen oder keine Lust auf Garten-Bodybuilding haben, so können Sie entweder einen Garten-Service auf eigene Kosten engagieren oder Sie nutzen den Garten-Service der Eigentümergemeinschaft, um Ihr Grundstück zu pflegen.

Für die Pflege der Außenfassaden des Hauses sind häufig die Eigentümergemeinschaften zuständig, weil in den Gemeinschaftsordnungen das Gesamtbild der Gemeinschaft festgeschrieben ist und die Gemeinschaft sicher stellen will, das diese Vorgaben eingehalten werden.

Zu diesen Außenfassaden und Außenanlagen zählen zum Beispiel das Dach mit seinem Dachmaterial sowie die Aussenfarbe des Hauses und meist auch die Bepflanzung des Grundstücks.

Für zeitweise abwesende Hauseigentümer ist das Wohnen in einer solchen Eigentümergemeinschaft sehr zu empfehlen, weil für den gesamten Pflegeaufwand die Eigentümergemeinschaft sorgt und Sie bezahlen nur die Maintenance Fee für diesen Aufwand.

Sollten Sie Eigentümer einer Eigentumswohnung sein, ist es für Sie noch einfacher, weil dort die Eigentümergemeinschaft für die gesamte Außenanlage sorgt und die Mitgliedschaft in der Eigentümergemeinschaft ist für Sie als Eigentümer Pflicht.

Die Bezahlung der Dienste – bei Häusern oder Eigentumswohnungen - erfolgt mit den monatlichen Hausgeldzahlungen (=Maintenance Fees), die vom Bankkonto des
Eigentümers eingezogen werden. Selbstverständlich ist auch
Scheckzahlung möglich, allerdings keine Barzahlung.

Vorbereitung für einen Notfall

Neben den bereits beschriebenen Aufgaben gibt es noch die
Betreuung Ihres Eigentums, wenn Sie für einen längeren
Zeitraum nicht da sind.

Nehmen wir an, dass ein Hurrikan kommt und Ihre
Immobilie ist nicht mit Hurrikan sicheren Fenstern und
Türen ausgestattet.

In diesem Fall ist es sinnvoll, die Anbringung oder das
Schließen von Hurrikanshuttern zu veranlassen. Viele
Eigentümergemeinschaften bieten diesen Service, indem die
Verwaltungsgesellschaft einen Dienstleister beauftragt, der
diese Aufgabe erledigt.

Auch ist es sinnvoll, eine Vertrauensperson vor Ort zu
haben, die im Bedarfsfall die Wohnung regelmäßig überprüft
und den Briefkasten leert und im Notfall als Ansprechpartner vor Ort dient. Eine solche Aufgabe darf eine
Privatperson ausüben. Sobald Sie Ihre Immobilie vermieten,
darf eine Privatperson diese Aufgabe nicht mehr
übernehmen.

Die Vermietung einer Immobilie ist ein Real Estate Geschäft
und diese darf nur vom Eigentümer in Eigenregie oder
zusammen mit einem lizensierten Immobilienspezialisten
abgewickelt werden. Ihr Real Estate Spezialist sorgt für den

Einzug der Miete und die Bezahlung von entstehenden Rechnungen mit entsprechender Genehmigung von Ihnen.

Für diese Aufgabe gilt es jemanden zu wählen, der eine entsprechende Reputation und das notwendige Knowhow hat. Eine Real Estate Brokerage, die sich um alles Nötige kümmert, ist in diesem Fall für Sie der richtige Service Partner.

Haus versus Eigentumswohnung

Sie wissen bereits viel über die Immobilien in Florida und deren Größe und Ausstattung.

Die nächste Entscheidung ist jetzt, wollen Sie ein freistehendes Haus oder lieber eine Eigentumswohnung.

Bei einem freistehenden Haus sind Sie am unabhängigsten. In Ihren vier Wänden und auf Ihrem Grundstück können Sie schalten und walten wie Sie wollen.

Sie können es selbst bewohnen oder vermieten. Sie können es umbauen, renovieren oder erweitern. Mit ausreichenden Mitteln können Sie es auch Abreißen und komplett neu bauen. Was immer Sie wollen und bezahlen können.

Allerdings gehört auch die ordnungsgemäße Pflege Ihres Hauses zu Ihren Pflichten als Immobilieneigentümer. Das heißt, Ihre Außenanlagen sind zu pflegen, anderenfalls entsteht aufgrund des wachstumsfördernden Floridaklimas schnell Wildwuchs bei Büschen und Bäumen und das Gras ist schnell einen halben Meter hoch gewachsen.

Wenn Ihnen dies zu anstrengend ist, ist eine Eigentumswohnung vielleicht doch die bessere Wahl.

Bei einer Eigentumswohnung kümmern Sie sich nur um das Innere Ihrer Wohnung. Alles andere wird von Ihrer Eigentümergemeinschaft gepflegt und unterhalten. Für diese Dienstleistung zahlen Sie jeden Monat Ihr Hausgeld (= Maintenance Fee).

Ein weiterer Vorteil einer Eigentumswohnung liegt in der Ausstattung des Gemeinschaftseigentums.

Die Eigentümergemeinschaften unterhalten meist einen Pool in einer tropischen Gartenanlage. Außerdem sind häufig Trainingsräume mit Kraftmaschinen, Laufbändern und Steppern vorhanden. In den Außenbereichen sind oft Tennisplätze und Basketballanlagen vorhanden.

Luxuriöse Eigentümergemeinschaften bieten auch sogenannte Cabanas im Garten. Dort können Sie grillen und Partys feiern.

Zu den Wohnungen gehören mindestens ein oder zwei Parkplätze entweder in einer Garage oder im Freien. Die Parkplätze und die Gebäudekomplexe haben häufig eine Rezeption mit einem Sicherheitsangestellten, der den Zugang zu den Wohnungen und dem Außengelände überwacht.

Neubau-Immobilie oder Resale-Immobilie – das ist die Frage

Vor einigen Jahren direkt nach dem Zusammenbruch des Immobilienmarktes in Florida war es schwierig eine Neubau-Immobilie zu bekommen. Die Neukonstruktion war während der Immobilienblase sehr stark reduziert worden und die Auswahl an Neubau-Immobilien beschränkte sich auf einige wenige Komplexe.

Seit Mitte 2013 geht es allerdings wieder in die andere Richtung und viele Neukonstruktionen, die zeitweise in ihrer Erstellungsphase eingefroren waren, sind heute fertig gestellt und schon längst verkauft. Auch viele neue Projekte sind bereits im Bau oder kurz vor dem Baustart.

Bei einer Neubauimmobilie sind Sie der Erstbezieher und können häufig die Ausstattung Ihrer Immobilie mitbestimmen. Diese Mitbestimmung beeinflusst allerdings den Kaufpreis und kann – je nach Ihren Wünschen und Ihrem Geschmack - zu Kaufpreiserhöhung führen.

Der Nutzen eines Neubaus ist, dass Sie Ihre Traumimmobilie nach Ihren Wünschen erstellt bekommen zu moderaten Preisen im Vergleich zu den Preisen innerhalb der Immobilienblase.

Bereits für $300.000.00 bekommen Sie ein neues Einfamilienhaus – 3 Schlafzimmer/2 Badezimmer - in einem neugeplanten Development.

Die Entscheidung für eine existierende Immobilie kann sich für Sie lohnen. Ganz besonders, wenn der Vorbesitzer die Immobilie bereits renoviert und auf den neuesten Baucode angepasst hat. Sie können ein solches Haus zu einem Preis bekommen, der häufig niedriger ist als vor der Immobilienblase. Die Immobilienpreise steigen allerdings wieder, so dass solche Schnäppchen weniger werden.

Ein solches Haus hat normalerweise renovierte Badezimmer und Küche. Die Elektrogeräte wie zum Beispiel Herd und Kühlschrank sowie Heißwasserboiler und Klimaanlage sind erneuert. Alle Innenräume und Außenbereiche sind gut gepflegt und funktionsfähig.

Sollte die Immobilie nicht renoviert sein, so haben Sie eine breitere Verhandlungsbasis für den Kaufpreis und können auch heute noch wahre Schnäppchen machen.

Bei einem heutigen Immobilienkauf – neu oder alt – ist alles drin und eines ist sicher: Die Preise werden in den nächsten Jahren kontinuierlich steigen und Ihre verpasste Chance wird wesentlich teurer sein.

Die geografische Lage von Südost-Florida ist besonders vorteilhaft, weil die Landresourcen eingeschränkt sind. Das Gebiet der Everglades ist ein riesiger Naturpark und Öko-System, das für das Umweltgleichgewicht der Region unbedingt erhalten werden muss.

Basierend auf dieser Prämisse kann die Besiedlung nur in eingeschränktem Maß in Süd-Florida erfolgen. Das bedeutet, dass das zur Verfügung stehende Bauland knapp ist. Je knapper eine Ware ist, desto teurer wird die Ware. Das gilt auch für Baugrund und für eine darauf stehende Immobilie.

Ein weiterer Vorteil ist der Umrechnungskurs von Euro zu US-Dollar. Dieser Umrechnungskurs ist zurzeit immer noch zu Ihren Gunsten.

Am 15. Oktober 2014 lag die Währungsumrechnung bei

1 Euro = 1.2777 US-Dollar.

Auf dieser Basis kostet Sie eine Immobilie für $100,000 nur 78.265.64 Euro. Im deutschsprachigen Raum werden Sie mit Sicherheit keine vergleichbare Immobilie an einem vergleichbaren Standort finden.

Diese Aussichten sind zurzeit rosig für einen Immobilienkäufer und die Wertsteigerung Ihrer Immobilie ist nahezu garantiert. Immobilien waren und sind seit jeher ein sicheres Investment in die ungewisse Zukunft, aber auch hier gilt, die besten Chancen sind kurzlebig. Sie müssen daher handeln, so lange Sie eine solche Chance haben, sonst ist es zu spät.

Können Sie sich Ihr neues Traumhaus im Paradies leisten?

Auf diese Frage haben Sie sicher schon gewartet. Sie haben sich wahrscheinlich schon selbst gefragt, ob eine solche Investition für Sie überhaupt machbar ist. Die Antwort lautet häufig „Ja".

Mit dem richtigen Real Estate Professional werden Sie nicht nur Ihr Traumhaus finden, sondern auch den Preis, den Sie bezahlen können.

Bei einer heutigen Investition in Immobilienmarkt in Florida haben Sie gleich vier große Vorteile auf Ihrer Seite:

1. Die Immobilienpreise sind noch moderat, aber steigen stetig.
2. Der Marktwert der Immobilien ist heute noch unter dem Niveau von 2005/ 2006, aber er steigt stetig.
3. Die Finanzierung ist auch für Ausländer wieder verfügbar und günstig.
4. Der Wechselkurs zwischen Euro und US-Dollar ist noch immer zum Vorteil der Europäer.

Lassen Sie sich diese vier großen Vorteile durch den Kopf gehen und überlegen Sie anschließend, wie Sie an diesen Chancen teilhaben können.

Ihre nächste Überlegung ist, wie Sie Ihre Traumimmobilie bezahlen wollen: bar oder mit Finanzierung. Diese Frage ist sehr wichtig, weil bei beiden Optionen unterschiedliche Vorbereitungen erforderlich sind.

Ohne einen klaren Blick auf Ihre Finanzbasis ist Ihr Projekt „Traumhaus" in einer ungünstigen Startposition.

Bei Immobilientransaktionen in den Vereinigten Staaten ist die Zeit von entscheidender Bedeutung. Wenn Sie nicht ausreichend vorbereitet sind und Ihre finanzielle Situation nicht klar definiert ist, wird Ihr Immobilientraum leider ein Traum bleiben.

Bei einer guten Vorbereitung gemeinsam mit Ihrem Agent können Sie bereits innerhalb von 30 Tagen oder auch weniger stolzer Eigentümer einer Traumimmobilie sein.

Nachdem Sie jetzt schon so viel über Ihre Traumimmobilie wissen, haben Sie sicher Ihre eigene Wunschliste zusammengestellt und sind für den nächsten Schritt bereit.

Auf geht's!

Ihr Investment in Ihre Traumimmobilie

Um für Ihr Geld die beste Traumimmobilie zu bekommen, ist es unbedingt erforderlich, dass Sie vor dem Start Ihres Vorhabens bestimmen, wieviel Geld Sie investieren wollen.

Der Weg — erst mal sehen was am Markt ist und dann entscheide ich — funktioniert nicht. Wenn Sie Ihre Traumimmobilie finden und erst dann Ihren Kassensturz starten, ist die Immobilie schon verkauft, bevor Sie mit Ihren Finanzentscheidungen fertig sind.

Interessante Immobilien sind innerhalb von wenigen Tagen nach dem Listing unter Vertrag und haben in weniger als 30 Tagen einen neuen Eigentümer. Um hier mitzuhalten, muss Ihre finanzielle Lage vor dem Start der Immobiliensuche bereits klar sein. Ein kompetenter Real Estate Professional wird Sie genau nach diesen Finanzierungsdetails fragen, bevor er mit Ihnen die Suche startet.

Es ist entscheidend für den Erfolg Ihrer Immobilientransaktion, dass Sie gut vorbereitet sind. Zu dieser Vorbereitung gehört es, dass Sie entscheiden, ob Sie als Barzahler auftreten wollen oder ob Sie eine Finanzierung in Anspruch nehmen wollen. Als Barzahler haben Sie die höchste Erfolgschance bei Ihrer Immobilienjagd, aber auch eine Finanzierungszusage ist möglich.

Über die für die Immobilientransaktion zur Verfügung stehenden Barmittel benötigen Sie einen entsprechenden Nachweis. Wenn das Geld noch in Ihrem Heimatland ist, ist dies ein Brief Ihrer Bank, die das Konto führt. Sollte das Geld bereits auf einem Konto in den Vereinigten Staaten sein, kann ein aktueller Kontoauszug des Kontos als Nachweis genutzt werden.

Bei einer Finanzierung Ihres Vorhabens benötigen Sie eine Kreditzusage eines Kreditinstitutes entweder in Ihrem Heimatland, wenn dort eine Bank die Finanzierung übernimmt oder einen entsprechenden Qualifizierungsbrief von einem Bankinstitut in den Vereinigten Staaten.

Für Details können Sie uns gern per Email kontaktieren. Die Emailadresse finden Sie am Ende des Buches.

Sobald die vorstehenden Finanzmittelnachweise vorliegen, kann die Suche beginnen.

Die beste Traumimmobilie für Ihr Geld

Nachdem Sie Ihre finanziellen Überlegungen abgeschlossen haben, wissen Sie jetzt, wieviel Geld Sie in Ihre Traumimmobilie investieren wollen. Um für dieses Investment die beste Traumimmobilie zu bekommen, ist jetzt zu entscheiden, in welchem Teil von Florida Sie gerne wohnen möchten, denn dort wird Ihre Traumimmobilie auf Sie warten.

Der kleine Überblick über den Sunshine State am Beginn des Buches ist eine kleine Starthilfe für diese Standortentscheidung. Mit dieser Standortentscheidung haben Sie bereits auch festgelegt, aus welchem Teil des Sunshine States Ihr Immobilienspezialist kommt und welche Kenntnisse und Erfahrungen für Ihre Immobilientransaktion sinnvoll sind.

Der lokale Immobilienspezialist hat außerdem die breiteste Informationsbasis für Ihren Zielmarkt und kann Ihnen alle relevanten und interessanten Daten für Ihre Traumimmobilie bereitstellen. Seine Recherche ist nicht nur auf die öffentlichen Datenbanken beschränkt. Es stehen ihm auch diverse berufsspezifische Tools und Auswertungen zur Verfügung, mit denen er Ihnen die finanziellen Entscheidungen für den Kauf Ihrer Traumimmobilie erleichtern wird.

In einem der vorstehenden Kapitel erhielten Sie bereits einige Informationen zu dem Beruf des Immobilienspezialisten in den Vereinigten Staaten. Jetzt zeige ich Ihnen, wie Sie diese Informationen zu Ihrem Nutzen einsetzen können.

Wie bereits beschrieben ist es unbedingt notwendig, einen lizenzierten Real Estate Agent zu beauftragen, damit dieser Sie auf dem richtigen Weg zum bestmöglichen Erfolg – Ihrer Traumimmobilie - führt.

Wichtig ist, Sie benötigen nur einen(!) und nicht mehrere Agenten, weil jeder Agent, der lizensiert ist und der lokalen

Real Estate Kammer angehört, Ihnen jede aktuell am Markt verfügbare Immobilie anbieten und verkaufen kann.

Wie kann das sein? – fragen Sie sich sicher. In Europa müssen Sie selbst suchen, um das zu finden, was Sie wollen. Die Antwort auf Ihre Frage ist ganz einfach.

Die Immobilienverkäufer in Florida nutzten einen Listing Agent, der den Zugriff auf den Multiple Listing Service (MLS) hat. Dieser hat einen exklusiven Vertrag für den Verkauf der Immobilie mit dem Verkäufer und ist dessen Repräsentant und Vertrauensperson.

Bestandteile des Listing-Vertrages sind unter anderem die Vereinbarung einer Kommission für den Verkauf der Immobilie und die Vermarktung der Immobilie im besten Interesse des Verkäufers. Die Kommission für eine solche Transaktion ist derzeit 6 bis 7 % vom Verkaufspreis. Dieser Prozentsatz ist beim Closing – das ist der Abschluss der Transaktion – zwischen den beiden beteiligten Real Estate Professionals zu teilen. Der Listing Agent erhält 50 % der Kommission und der Käufer Agent – das ist Ihr Agent - erhält die restlichen 50 %.

Zu der Vermarktung einer Immobilie zählt neben vielen anderen Aktivitäten das Eintragen in das sogenannte MLS-System. Diese Eintragung hat innerhalb von 24 Stunden zu erfolgen nachdem der Listing Vertrag vom Verkäufer und dem Listing Agent unterschrieben wurde.

In dem MLS-System (Multiple Listing Service) sind alle relevanten Immobiliendetails einer Immobilie zusammen-getragen und mit Bildern und Videos angereichert. Die Immobiliendetails wie zum Beispiel die Größe der Wohnfläche oder des Grundstücks werden direkt aus den administrativen Datenbanken des Countys bezogen.

Mit Eintragung der Immobilie in das MLS-System erfolgt die elektronische Verbreitung und Vermarktung dieser Informationen auf tausenden von lokalen, nationalen und internationalen Webseiten.

Jeder lizensierte Florida Immobilienspezialist kann in diese MLS-Datenbank Einsicht nehmen und darf die dortigen Informationen für seinen Käufer nutzen. Über diese Datenbank werden auch Besichtigungen für die Immobilien arrangiert.

Ein solcher Besichtigungstermin kann nur mit einem lizensierten Immobilienspezialisten vereinbart werden. Das jeweilige Listing Office ist verpflichtet, die Lizenz des Käufer-Agents zu überprüfen, bevor die Erlaubnis für die Besichtigung erteilt wird.

Ohne einen genehmigten Besichtigungstermin dürfen weder Sie noch Ihr Agent eine Immobilie betreten oder Sie begehen Einbruch. Sie als Privatperson sind nicht berechtigt, für eine Immobilie den Access Code zu bekommen und diese zu betreten.

Mit diesen Informationen sind Sie jetzt bestens vorbereitet, um den für Sie passenden Agent zu finden und mit ihm auf die Schatzsuche nach Ihrer Traumimmobilie zu gehen.

Ihr Käufer Agent ist lokal und erfahren

Sie wissen bereits, nach welchen Kenntnissen und Erfahrungen Sie bei einem Käufer Agent Ausschau halten sollten. Um Ihnen optimal zu helfen, ist es unbedingt erforderlich, dass der Real Estate Professional in dem Land, in dem Sie die Traumimmobilie kaufen wollen, lizensiert ist.

Außerdem ist sein Arbeitsgebiet die Stadt, in der Sie Ihre Traumimmobilie kaufen wollen.

Lassen Sie sich von Ihrem Agent seine aktive und gültige Real Estate Lizenz zeigen, damit Sie keinem Betrüger auf den Leim gehen.

Die Immobilienlizenz des Staates und die Mitgliedschaft in der nationalen, staatlichen und lokalen Realtor Association sollten für Sie als ein zusätzliches Standardkriterium gelten. Damit stellen Sie sicher, dass Ihr Agent die rechtlichen und standesrechtlichen Regelungen kennt und Zugriff auf alle wichtigen Immobiliendaten hat.

Ihr Immobilienspezialist wird Ihnen gern alle Ihre Fragen beantworten und Details erklären. Lassen Sie sich seine Aufgaben bei der Immobilientransaktion erläutern.

Im Falle, dass Ihr Agent nicht seinen Aufgaben nachkommt und Sie dadurch bei der Abwicklung der Immobilientransaktion einen finanziellen Schaden erleiden, haben Sie mehrere Optionen Ihr Recht und Ihren Schaden kostengünstig außergerichtlich darzulegen und klären zu lassen.

Eine berechtigte Beschwerde kann entweder auf lokaler oder bundesstaatlicher Ebene erfolgen. Sollte es sich um eine Straftat handeln, schalten sich auch die Gerichte ein.

Die Strafen für einen Immobilienfachmann können von einer Verwarnung über ein Strafgeld bis zum Lizenzverlust (auf Zeit oder lebenslang) reichen. Bei kriminellen Tatbeständen kann ein Gericht auch Gefängnisstrafen verhängen.

Für Sie als Kunden ist es daher unabdingbar, diese Kompetenzprüfung vorzunehmen, um sich so vor unlizenzierten Betrügern zu schützen. Das heißt nicht, dass jeder der keine Lizenz hat, ein Betrüger ist, aber das Risiko auf einen solchen zu treffen ist grösser.

Neben der ordnungsgemäßen Lizensierung ist für Sie als Immobilienkäufer die Zusatzausbildung eines Accredited Buyer Representative (ABR) ein gutes Auswahlkriterium. Ein solcher Real Estate Professional hat eine Spezialausbildung als Käufer Repräsentant und vertritt ausschließlich Ihre Käuferinteressen.

Die Abkürzung ABR heißt Accredited Buyer Representative und bedeutet, dass der Agent Sie, den Immobilienkäufer, vertritt. Er ist Ihre Vertrauensperson und handelt ausschließlich im Sinne Ihrer Interessen in der Kauftransaktion. Er ist Ihr Sprachrohr gegenüber dem Verkäufer und dessen Listing Agent.

Wenn Sie sich jetzt fragen, warum Sie so jemanden brauchen, überlegen Sie mal, wie schnell es zu hitzigen Auseinandersetzungen kommen kann. Wenn Sie einen großen und relativ teuren Gegenstand – in diesem Fall Ihre Traumimmobilie – kaufen, kommt es schnell zu Diskussionen über den Preis und die Ausstattung.

Für Sie ist ein bestimmtes Ausstattungsdetail weniger wert als für den Verkäufer, der sein ganzes Herzblut in die Erstellung und Pflege dieses Bestandteils gesteckt hat. Eine hitzige Debatte über diese unterschiedlichen Sichtweisen kann schnell die gegenseitigen Gefühle verletzen und den gesamten Deal platzen lassen oder zumindest erheblich erschweren. Sie vermeiden das, in dem der Listing Agent für seinen Verkäufer und Ihr Agent für Sie verhandelt.

Ihr Agent wird selbstverständlich Ihr Interesse - möglichst günstig zu kaufen – vertreten, während der Agent des

Verkäufers dessen Interesse - möglichst viel bei dem Verkauf zu erlösen – im Sinn hat.

Die Agenten haben einen distanzierten Blick auf das Produkt der Transaktion und haben keine Emotionen im Spiel, wie das bei den direkt betroffenen Parteien – Käufer und Verkäufer – häufig der Fall ist. Die Agenten werden daher schneller und einfacher einen Konsens erzielen und entstehende Probleme lösen können.

Nach der erfolgreichen Verhandlung und Einigung über die Immobilientransaktionsbedingungen, wird Ihr Käufer Agent Ihnen helfen alle notwendigen Schritte korrekt, in der richtigen Reihenfolge und im vorgegebenen zeitlichen Rahmen abzuwickeln.

Wenn die im Immobilienkaufvertrag gemachten Vereinbarungen nicht korrekt eingehalten werden, hat das Konsequenzen für Sie und Ihren Agent. Sie werden es nicht zum Closing (=Abschluss der Immobilientransaktion) schaffen. Sie erhalten Ihre Traumimmobilie nicht und Ihr Agent wird nicht bezahlt. An diesem Ergebnis sind weder Sie noch Ihr Agent interessiert.

Ein weiteres gutes Auswahlkriterium für einen kompetenten Agenten sind seine Zusatzausbildungen, die Sie an bestimmten Kürzeln hinter dem Namen des Real Estate Professional erkennen können. Die für Sie wichtigste neben dem ABR ist CIPS – Certified International Property Specialist (=zertifizierter Internationaler Immobilienspezialist).

Ein solcher Fachmann kennt sich mit den international unterschiedlichen Verfahren zur Immobilienübertragung aus und kann aufgrund seiner Erfahrung in diesem Bereich Ihnen viele nützliche Tipps und Hinweise geben, die Ihnen den Prozess einfacher und bequemer machen.

Eine weitere sinnvolle Anforderung bei der Auswahl des Agenten ist die Sprache. Es ist für Sie als Immobilienkäufer enorm wichtig einen Immobilienprofi zu haben, der zum Beispiel Deutsch spricht. Sie haben bei ihm die Möglichkeit, Ihre Fragen in Ihrer Muttersprache zu formulieren und erhalten die notwendigen Erklärungen auch in Ihrer Muttersprache. Das trägt sehr zu einer erfolgreichen Immobilientransaktion bei.

Wenn Sie beabsichtigen eine Immobilie in einer Resortanlage zu erwerben, ist die Zusatzausbildung der RSPS – Resort and Second Home Property Specialist (=Resort/Hotel und Ferienhaus Spezialist) sehr hilfreich. Der Fokus dieses Immobilienprofis ist es, den von Ihnen gewünschten Lebensstil mit einer entsprechend passenden Immobilie zu verknüpfen. Außerdem erklärt er Ihnen die bestehenden Regeln und Regularien der unterschiedlichen Resort-komplexe.

Für den Fall, dass Ihr Immobilienberater im deutsch-sprachigen Raum Ihnen den Vorschlag gemacht hat, eine Immobilie im Ausland zu erwerben, dann ist die TRC – Transnational Referral Certification (=grenzübergreifende Kundenvermittlungs-Zertifizierung) eine wichtige Zusatz-qualifikation.

Diese zertifizierten Real Estate Professionals sind geschult und auch bereit mit einem ausländischen Immobilien-fachmann, der in Ihrem Heimatland zugelassen ist, zusammen zu arbeiten und diesem bei einer erfolgreichen Immobilientransaktion eine Vermittlungsgebühr zu zahlen.

Ein solcher Immobilienfachmann muss eine Berufszulassung in seinem Heimatland nachprüfbar belegen.

Sicher werden Sie nicht immer alle Zusatzausbildungen bei einem Immobilienspezialisten finden. In diesem Fall entscheiden Sie nach Priorität. Was ist für Sie das wichtigste Kriterium bei einem Immobilienprofi? Und keine Angst, Ihr Agent wird in den Vereinigten Staaten im Rahmen des Immobilienkaufabschlusses vom Verkäufer bezahlt. Für Sie ist die Dienstleistung des lokalen Immobilienspezialisten kostenfrei.

Viele Agenten und Broker sind stolz auf Ihre Ausbildungen, die sie sich hart erarbeitet haben und sie werden Ihnen gern die Lizenzen und die Ausbildungsnachweise zeigen.

Denken Sie an Hollywood Filme mit Anwälten. Wenn diese in ihrem Büro Besuch erhalten, können Sie auch alle Ihre Qualifikationen an der Wand hängen sehen. Dabei handelt es sich nicht um Eigenlob, sondern Business Standards. Professionals – dazu zählen auch Real Estate Agent - sind verpflichtet solche Informationen gut sichtbar in Ihrem Office zu platzieren.

Einen unlizenzierten Immobilien-Agent sollten Sie auf keinen Fall wählen, wenn Ihnen an einem korrekten und sicheren Transaktionsablauf gelegen ist. Ein solcher Agent wird Ihnen die vorstehend beschriebenen Qualifikationen nicht präsentieren können. Außerdem ist ein unlizenzierter Real Estate Service ein Straftatbestand in Florida.

Ihr erstes Gespräch mit Ihrem Agent

Na – haben Sie sich bereits Gedanken über Ihre Wünsche und Anforderungen an Ihre Traumimmobilie gemacht und eine Checkliste erstellt?

Sehr gut!

Sie wissen inzwischen, ob Sie ein Haus oder eine Eigentumswohnung wollen. Ihnen ist bekannt wie viele Zimmer und Badezimmer Sie benötigen und an welchem Ort Ihre Traumimmobilie liegen soll. Ebenso ist Ihre finanzielle Basis geklärt.

Einen passenden Immobilienspezialisten vor Ort haben Sie nach Ihren Bedürfnissen ebenfalls ausgewählt und Sie treffen sich mit ihm in seinem Büro, um die weiteren Schritte Ihres Immobilienkaufs abzustimmen.

In diesem ersten Gespräch wird der Agent Sie nach Ihren Wünschen bezüglich der Immobilie fragen. Gleichzeitig wird er Sie fragen, wieviel die Immobilie kosten darf und dabei wird erörtert, ob Sie die Immobilie bar (=cash) bezahlen wollen oder ob eine Finanzierung für den Kauf notwendig ist.

Der Agent wird Sie in diesem Gespräch auch um den Nachweis Ihrer Finanzmittel bitten. Ein solcher Nachweis ist zum Beispiel ein Schreiben Ihres Bankinstituts oder ein Bankauszug über Ihre Geldmittel. Im Falle eines Kredites ist eine Kreditzusage Ihrer Bank in Ihrem Heimatland oder eines Kreditinstituts in Florida ein guter Nachweis für Ihre Kreditwürdigkeit. Das ist nicht anders als in Ihrem Heimatland auch.

Ohne solche Nachweise werden Sie keinen professionellen Real Estate Professional finden, der Ihnen seine Unterstützung anbietet. Die Ernsthaftigkeit Ihres Vorhabens ist nicht belegbar und es liegt die Vermutung nahe, dass der Agent nur als Fremdenführer für Hausbesichtigungen missbraucht wird. Er verschwendet in diesem Fall seine Zeit, die er wesentlich sinnvoller mit gut vorbereiteten Kunden verbringen kann.

Vielleicht kommt Ihnen dies etwas hart vor, aber Sie sollten sich in die Lage des Agenten versetzen. Er ist ein selbstständiger Unternehmer, der nur bezahlt wird, wenn eine Immobilientransaktion abgeschlossen wird. Alle entstehenden Kosten – Auto, Benzin, Zeit – bezahlt er aus eigener Tasche. Würden Sie unter solchen Umständen arbeiten? Sicher nicht.

Außerdem wird Ihr Agent Ihnen eine Käufervereinbarung vorlegen, in der die für die Immobilientransaktion wichtigen Informationen schriftlich festgehalten werden. Zu diesen Informationen zählen zum Beispiel die Namen der beteiligten Parteien, Sie als Käufer und Ihr Agent, Ihre Adresse, Ihre Telefonnummer, Ihre Email, Ihre Immobilienwünsche sowie Ihr Finanzrahmen, den Sie in die Immobilientransaktion investieren wollen. Beide Parteien unterschreiben diese Vereinbarung.

Mit dieser Unterschrift treffen Sie lediglich eine Vereinbarung über den von Ihnen gewünschten Service. Die Bezahlung dieser Dienstleistung wird nicht von Ihnen, sondern vom Verkäufer beim Closing (=Abschluss) der Immobilientransaktion geleistet.

Diese Details sind für den Start der Immobiliensuche unerlässlich, damit Ihr Agent alle für Sie passenden Häuser oder Eigentumswohnungen aus dem am Markt verfügbaren Immobilienpool herausfiltern kann.

Die am Markt verfügbaren Immobilien sind in einer Datenbank – den Multiple Listing Service (MLS) – eingetragen und alle Real Estate Professionals können gleichermaßen und uneingeschränkt auf diese Datenbank zugreifen. Es ist dabei unerheblich, wer der Listing Agent ist, verkaufen darf jeder Agent jede der verfügbaren Immobilien.

Dieses Vorgehen ist vielleicht für Sie ungewöhnlich, weil es beispielsweise in Deutschland so eine Datenbank nicht gibt und das Immobilienangebot dadurch beschränkt und nicht transparent ist.

In dieser MLS-Datenbank waren zum Beispiel im Oktober 2014 in Broward County (Fort Lauderdale) im Bereich Südost-Florida

11.181 Eigenheime und

12.415 Eigentumswohnungen verfügbar.

Bei den Eigenheimen reichte die Preisrange von $14.900,00 bis $139.000.000,00

und bei den Eigentumswohnungen von

$10.000,00 bis $14.500.000,00.

Nicht in dieser Datenbank enthalten sind die Immobilien, die direkt vom Bauunternehmer angeboten werden. Diese Angebote werden nur Real Estate Agent mit entsprechenden Kontakten zu den Bauunternehmern gesandt und diese vermitteln interessierte Käufer und bekommen eine Kommission von dem Bauunternehmer.

Um aus diesem Immobilienpool die für Sie passende Immobilie heraus zu selektieren, sind die von Ihnen gelieferten Informationen – Ihre Anforderungen und Ihre Preisvorstellung sowie Ihre Finanzmittel – als Suchkriterien unbedingt erforderlich.

Eine vertrauensvolle, offene und intensive Zusammenarbeit mit Ihrem Agent ist unbedingt notwendig, damit Ihr Vorhaben „Ihre Residenz im Paradies" erfolgreich endet.

Wenn Ihr Agent Sie um bestimmte Dokumente und Nachweise bittet, ist das nicht, weil er neugierig ist, sondern weil es für den Transaktionsprozess gebraucht wird.

Außerdem hat sich Ihr Agent mit der Käufervereinbarung mit Ihnen zur Verschwiegenheit verpflichtet, so dass er Informationen von Ihnen nur mit Ihrer Genehmigung weitergeben wird.

Dies ist der beste und sicherste Weg, damit Ihr Wunsch von Ihrem Traumdomizil in Erfüllung geht. Anderenfalls werden Sie lediglich ziellos von einem Hausverkaufs-Schild zum nächsten irren und am Ende enttäuscht und desillusioniert sein. Ihre Traumimmobilie wird ein Traum bleiben und das wollen Sie sicher nicht.

Sie haben die passende Traumimmobilie gefunden

Gemäß Ihren Wünschen wird Ihr Agent in der MLS-Datenbank diverse Recherchen durchführen. Bei seinen Recherchen hat Ihr Agent Ihre Wünsche und Ihre Finanzmittel als Suchkriterium berücksichtigt. Die passende Immobilienauswahl wird Ihr Agent Ihnen zunächst am Bildschirm oder per Ausdruck oder Emailanhang vorstellen.

Ihr Agent wird mit Ihnen gemeinsam am Computer einige Immobilien anhand der vorhandenen Bilder und Videos durchgehen. Sie werden gemeinsam mit Ihrem Immobilienprofi diese Auswahl selektieren, welche Immobilien aufgrund der Bilder und der verfügbaren Detailinformationen die beste Wahl für Sie sind. Für diese Auswahl potentieller Traumimmobilien wird Ihr Agent anschließend Besichtigungstermine mit dem Listing Office vereinbaren.

Eine Besichtigung von Immobilien ist nur dann sinnvoll, wenn die ausgewählten Häuser oder Eigentumswohnungen Ihre Anforderungen erfüllen und Ihre Finanzmittel für die Bezahlung dieser Immobilien ausreichend sind. Die Gründe für dieses Vorgehen werden Ihnen bei den weiteren Schritten des Immobilienkaufprozesses schnell klarwerden.

Dieses Vorgehen macht Sinn wie Ihnen das folgende Beispiel zeigt. Gehen wir von folgenden Voraussetzungen aus:

Sie suchen ein Einfamilienhaus, drei Schlafzimmer, zwei Badezimmer, Garage zu einem Preis von $200.000,00.

Diese Suche bringt am 14. Oktober 2014 eine Auswahl von 127 möglichen Immobilien hervor.

Diese Immobilien alle anzusehen, macht wenig Sinn. Pro Hausbesichtigung sind 15 bis 20 Minuten erforderlich. Die Fahrtzeit von Immobilie zu Immobilie ist mit zu berücksichtigen. Als normale Fahrtzeit wird 15 bis 30 Minuten gerechnet, je nach Entfernung und Verkehr zwischen den Objekten.

Wenn Sie auf einer Besichtigungstour drei bis maximal vier Immobilien angesehen haben, werden Sie erschöpft sein und die Details der einzelnen Immobilien verschwimmen miteinander. Sie erinnern sich nicht mehr an die Vorzüge und Nachteile der einzelnen Immobilien und es ist sehr schwer, eine Entscheidung zu treffen. Außerdem werden Sie Ihren Aufenthalt in Florida nicht ausschließlich mit Hausbesichtigungen verbringen wollen.

Sie haben sich mit Ihrem Agent auf eine Auswahl von Immobilien geeinigt. Er vereinbart entsprechende Besichtigungstermine und erfragt die Zugangscodes zu den Immobilien.

Um den Zugangscode zu bekommen, wird ein fester Besuchstermin vereinbart, damit jeder Agent, der die Immobilie zeigt mit seinen Kunden allein in der Immobilie ist.

Sollte Ihre Traumimmobilie unbewohnt sein, kann die Besichtigung sehr kurzfristig beantragt und genehmigt werden. Sobald die Erlaubnis für die Besichtigung erteilt wird, erhält der Agent auch die Informationen wie der Zugangscode lautet und wo die Schlüssel für die Immobilie hinterlegt sind.

Wenn der aktuelle Eigentümer noch in seiner Immobilie wohnt oder das Haus vermietet ist, kann eine Besichtigung frühestens 24 Stunden nach der Anfrage erfolgen. Der Bewohner der Immobilie muss die Genehmigung zur Besichtigung erteilen. Ohne diese Genehmigung ist das Betreten einer Immobilie mindestens als Hausfriedensbruch oder auch als Einbruch zu werten.

In Florida ist es üblich, dass jedes Haus, das auf dem Markt angeboten wird, eine Schlüsselbox besitzt. In dieser Schlüsselbox sind die Schlüssel für eine der Eingangstüren hinterlegt. Die Schlüsselbox hat entweder ein Kombinationsschloss oder einen elektronischen Öffnungsmechanismus, um an die Haustürschlüssel zu gelangen.

Die Kombination für eine solche Schlüsselbox darf nur einem lizensierten Real Estate Professional mitgeteilt werden. Bei der Beantragung eines Besichtigungstermins wird die Prüfung der Lizenz vom Datenbanksystem oder vom Listing Office durchgeführt.

Sollte sich ein Agent nicht an die Vorschrift halten und betritt eine Immobilie ohne eine Besichtigungsgenehmigung, kann er bei der Immobilienkammer dafür angezeigt werden.

Entsprechend der Schwere des Vergehens kann er gemaßregelt werden von der Immobilienkammer. Ich selbst habe bereits einige solcher Verfahren veranlasst und viele meiner Kollegen verhalten sich in der gleichen Weise.

Als Real Estate Professional sind wir verpflichtet die Rechte des Verkäufers an seinem Immobilieneigentum zu achten und wir erfüllen damit unsere geltenden Berufsstandards.

Sobald Ihr Agent die angeforderten Besichtigungsgenehmigungen und die Access-Codes für die Schlüsselboxen hat, kann die Immobilienbesichtigungstour starten.

Auf geht's zur Hausbesichtigung

Sie haben mit Ihrem Agent einige Traumimmobilien in die engere Auswahl genommen und machen sich jetzt auf den Weg. Ob Sie mit einem oder zwei Autos fahren, vereinbaren Sie mit Ihrem Immobilienspezialisten.

Wenn Sie mit zwei Autos fahren, lassen Sie den Agenten vorausfahren, weil er die besseren Ortskenntnisse hat und Sie sicher zu den Besichtigungsimmobilien leitet.

An der Traumimmobilie können Sie sich entscheiden, was Ihnen wichtiger ist: das Innere der Immobilie oder das Äußere mit dem Garten.

Wenn Sie mit der Außenbesichtigung starten, stellen Sie als erstes fest, ob Ihnen das Grundstück, der Ausblick und die Gartengestaltung gefallen. Wenn das okay ist, öffnet Ihnen Ihr Agent die Immobilie.

Wenn Ihnen die Immobilie bereits von außen nicht gefällt, ist es sehr unwahrscheinlich, dass das Innere Sie überzeugen wird und Sie Ihre Meinung ändern.

In unserem Beispiel gehen wir davon aus, dass die Immobilie Ihnen von außen gefällt, dann wird Ihr Agent diese öffnen. Die Schlüssel für die Tür sind in der Zugangsbox an einer der Türen. Ihr Agent hat wie bereits erwähnt den Zugangscode für die Box vom Listing Agent erfragt.

Gemeinsam gehen Sie und Ihr Agent durch die Räume der Immobilie und er wird Ihre Fragen wahrheitsgemäß beantworten, soweit er die Antworten kennt. Offene Fragen wird er notieren und die Antworten herausfinden und Ihnen mitteilen, sobald diese vorliegen.

Eine vorherige Begehung einer Immobilie durch den Immobilienprofi wird üblicherweise nicht gemacht, weil Ihre Vorstellungen von Ihrer Traumimmobilie anders sein werden als die Ihres Agenten. Sie wissen viel besser, was Sie bereit sind zu tolerieren und was Sie gar nicht mögen.

Während Ihrer Besichtigung werden Sie feststellen, dass Wasser und Strom bei unbewohnten Immobilien meist abgestellt sind und nicht funktionieren. Dadurch werden auch die Lampen und Küchengeräte in der Immobilie nicht funktionieren, so dass Besichtigungen nur bei Tageslicht stattfinden. Die Funktionalität der Wasser- und Stromversorgung werden später im Rahmen einer Hausinspektion geprüft. Zum Thema Hausinspektion finden Sie Details in einem der nächsten Kapitel.

Bei der Besichtigung werden Sie feststellen, dass die meisten Immobilien eine Küche mit funktionsbereitem Kühlschrank und Herd besitzen. Meist handelt es sich um einen Elektrogeräte. Wenn Sie Gasgeräte bevorzugen, ist dies eine Information für Ihren Agent oder Sie rüsten Ihre Immobilie nach dem Closing nach Ihren Wünschen um.

Sie werden feststellen, dass nicht in allen Küchen ein Geschirrspüler und ein Mikrowellenherd vorhanden sind. Diese Geräte sind Add-Ons in der Ausstattung und sind gegebenenfalls von Ihnen selbst anzuschaffen.

Weiterhin gehören zu einer Immobilie ein Heißwasserboiler und eine funktionsfähige Klimaanlage. Bei den Klimaanlagen gibt es zentrale Klimaanlagen, die innerhalb und außerhalb der Immobilie installiert sind. Das heißt, der Air-Handler für die Kühlung ist im Haus, während der Kühler (=Kondensor) im Garten steht. Wenn eine zentrale Klimaanlage für Sie wichtig ist, dann teilen Sie dies Ihrem Agenten mit, damit er es bei seiner Suche berücksichtigen kann.

Neben zentralen Klimaanlagen gibt es auch sogenannte Wall- und Fensterunits, die wie der Name schon sagt, in ein Fenster oder in die Hauswand eingebaut sind. Diese Anlagen sind weniger energieeffizient und verbrauchen mehr Strom.

Einige Immobilien bieten einen separaten Waschraum mit Waschmaschine und Trockner. Diese Geräte sind Add-Ons und sind nicht immer im Verkaufspreis inbegriffen. Allerdings sind alle erforderlichen Anschlüsse vorhanden, so dass Sie im Bedarfsfall nur die neuen Geräte anzuschließen brauchen.

Sollte der separate Waschraum fehlen, sind die Anschlüsse für diese Geräte in der Garage untergebracht und Sie nutzen diesen Garagenbereich als „Waschraum".

Wie Sie feststellen werden, hat jedes Badezimmer entweder eine Wanne oder eine Dusche, eine Toilette sowie ein Waschbecken. Nur im sogenannten Master-Badezimmer – das ist das Badezimmer, das zum Immobilieneigentümer Schlafzimmer gehört - ist sowohl Dusche als auch Badewanne vorhanden.

Das Schlafzimmer des Immobilieneigentümers heißt entweder Mastersuite oder Masterbedroom in der Immobilienbeschreibung. Dieses Schlafzimmer ist grösser als die übrigen Schlafzimmer und verfügt häufig über einen kleinen zusätzlichen Sitzbereich für eine Couch oder einen Sessel oder besitzen einen privaten Balkon.

Ein begehbarer Kleiderschrank ist Standard in der Mastersuite. In den übrigen Schlafzimmern sind kleinere Kleiderschränke in die Zimmerwände integriert, die mit Falttüren verschlossen werden.

In hochpreisigen Immobilien werden Sie als Zusatzausstattung einen Kamin oder einen sogenannten Medienraum finden. Dieser ist eingerichtet wie ein kleiner privater Kinosaal für das Entertainment der Familie.

Weitere Highlights in Häusern der Luxusklasse sind ein Trainingsraum und ein Fahrstuhl, eine eigene Bar und weitere nette Spielereien.

Zu den zusätzlichen Features im Außenbereich gehören ein Pool mit oder ohne Spa-Becken und einen entsprechendes Pooldeck zum Sonnen. Der Pool ist häufig gescreened. Das bedeutet, dass der Pool und der Außenbereich mit einer Insektengitterkonstruktion umgeben sind, um diesen Bereich vor Insekten zu schützen.

Ein wichtiges Feature für Bootsbesitzer ist das Privatdock. Es besteht aus einer Holzkonstruktion mit Pollern und Gehfläche zum Anlegen und Besteigen Ihres Bootes.

Weitere interessante Außen-Highlights bei luxuriösen Immobilie sind private Gästehäuser, private Tennisplätze oder Golfgrüns für das Heimtraining sowie Balkone, die von einzelnen Räumen begehbar sind und für die nötige Privatsphäre des Bewohners sorgen.

Alle diese Immobilien Add-Ons liegen in tropischen Florida-Gärten, die Ihnen ein Leben wie im Paradies bescheren und bei entsprechender Bepflanzungsdichte sind Sie auch vor den Blicken der Nachbarn geschützt.

Sie haben jetzt Ihre erste Immobilie besichtigt, die vielleicht nicht alle der obigen Features besitzt, aber zumindest die, die für Sie wichtig sind. Jetzt geht's weiter zur nächsten und nächsten, bis Sie die Besichtigungstour für den laufenden Tag erledigt haben.

Am Ende der Tour ist eine Besprechung mit Ihrem Agenten sinnvoll, um festzustellen, welche Immobilie Ihnen gefallen hat und welche nicht. Mit diesen Informationen ist es möglich Ihre Wunschliste und die damit verbundene Immobiliensuche zu optimieren.

Sie werden wahrscheinlich mehr als eine Immobilienbesichtigungstour durchführen bevor Sie Ihre Traumimmobilie gefunden haben und für die Sie eine Kaufofferte abgeben werden. Ein wenig Geduld ist bei Ihrem Vorhaben notwendig, um das Richtige zu finden.

Wow – Sie haben Ihre Traumimmobilie gefunden, was nun?

Ihre Besichtigungstour oder Touren waren ein voller Erfolg und Sie haben genau Ihre Traumimmobilie gefunden. Gratulation. Sie haben Ihr erstes Etappenziel erreicht und jetzt geht es zum nächsten.

Ihr Agent wird jetzt den entsprechenden Kaufvertrag vorbereiten. Dieser Kaufvertrag heißt in diesem Stadium „Offerte" oder „Angebot".

In den Vereinigten Staaten werden Immobilien-Kaufverträge nicht von einem Anwalt erstellt und geschlossen, sondern es werden Standardverträge benutzt. Im deutschsprachigen Raum fertigt ein Notar für jeden Immobilienkauf einen separaten Kaufvertrag und wird für diesen Service vom Käufer bezahlt.

Sie brauchen keine Bedenken haben. Die sogenannten Standardverträge sind von der Florida Bar – das ist die Anwaltskammer des Staates Florida – erstellt und werden ständig an die gesetzlichen Grundlagen angepasst. Sie sind also rechtlich einwandfrei und bindend.

Die Standardverträge sind vollständig vorgefertigt und enthalten lediglich offene Felder für die individuellen Details einer jeden Transaktion. Diese individuellen Felder sind beispielsweise der Name des Käufers und der Name des Verkäufers und weitere Informationen.

Ihr Agent lädt den jeweils aktuellsten Standardvertrag von der Florida Bar auf seinen Computer. Anschließend füllt Ihr Agent die offenen Felder in dem Vertrag aus. Die offenen Felder sind für jede einzelne Transaktion einzigartig und deshalb separat einzutragen. Die übrigen Textpassagen in dem Kaufvertrag sind gleich und beinhalten alle wichtigen Details:

Welche Transaktionsschritte zu erledigen sind und wann diese beendet sein müssen, wann es zum Vertragsbruch kommt und welche Konsequenzen ein solcher Vertragsbruch haben kann und vieles mehr.

Zu den wesentlichsten Details, die von Ihrem Agent in den Vertrag eingefügt werden, zählen die Vertragsparteien – Name des Käufers und Verkäufers -, die Immobiliendaten mit Adresse und Lage sowie die Steuernummer der

Immobilie, der Kaufpreis, die Zahlungsmodalität, der Zeitpunkt des Transaktionsabschlusses und die Kostenaufteilung der Transaktionskosten.

Sobald der Agent alle notwendigen Daten in den Vertragsentwurf eingesetzt hat, wird er den Vertrag ausdrucken und Ihnen zur Unterschrift vorlegen.

Mit Ihrer Unterschrift als Käufer wird der Vertragsentwurf zu einem offiziellen Kaufangebot oder Offerte an den Verkäufer der Immobilie.

Die Offerte wird dem Vertreter des Verkäufers übergeben. Dieser hat die Pflicht Ihre Offerte und alle weiteren vorliegenden Angebote von anderen Kaufinteressenten dem Verkäufer zu übergeben.

Aufgrund des für Käufer positiven Immobilienmarktes, sind Sie häufig nicht der einzige Interessent bei einer Immobilie und Sie stehen im direkten Wettstreit mit anderen Interessen. Um sich in eine besonders vorteilhafte Position zu bringen, ist ein angemessener Kaufpreis für Ihre Traumimmobilie angebracht. Zusammen mit der Offerte wird auch ein entsprechender Nachweis Ihrer Finanzkraft beigefügt, um zu belegen, dass Sie die Immobilientransaktion auch abschließen können. Ohne diesen Nachweis hat Ihre Offerte wenig Aussicht auf Erfolg, weil der Verkäufer nur an Käufern interessiert ist, die auch bezahlen können.

Wie bereits zuvor beschrieben, handelt es sich bei den Nachweisen Ihrer Finanzkraft entweder um ein Schreiben Ihrer Bank, aus dem hervorgeht, dass Sie über eine bestimmte Summe verfügen und diese für Ihre persönlichen Vorhaben verwenden können oder um eine Kreditzusage.

In dieser Kreditzusage bestätigt Ihnen Ihr Kreditinstitut, dass es einen bestimmten Kreditbetrag für den Kauf einer

Immobilie bereitstellen wird. Diese Kreditzusage besagt zu diesem Zeitpunkt nur die Bereitschaft der Bank Ihr Vorhaben zu finanzieren.

Die Kreditzusage für die Finanzierung Ihrer individuellen Traumimmobilie erfolgt erst, wenn der Immobilienkaufvertrag auch vom Verkäufer unterzeichnet ist und ein rechtlich bindender Vertrag besteht.

Sollten Sie erst jetzt mit dem Zusammentragen Ihrer Finanzunterlagen beginnen, werden Sie Ihre Traumimmobilie verlieren. Der Verkäufer wird nicht warten, sondern das Angebot annehmen, dass ihm den besten Nutzen bringt.

Dieser Nutzen kann Barzahlung oder ein schneller Vertragsabschluss (= Closing) sein. Jeder Verkäufer hat seine persönlichen Prioritäten.

Neben dem Nachweis der finanziellen Mittel ist gleichzeitig das sogenannte Earnest Money in der Offerte anzubieten. Dieses Handgeld wird fällig sobald der Verkäufer Ihre Offerte akzeptiert und diese unterschreibt.

Bei dem Earnest Money handelt es sich um eine erste Anzahlung für den Kauf Ihrer Immobilie. Sie als Käufer bekräftigen mit dieser Anzahlung Ihre Offerte und je höher die Anzahlung ist, desto mehr Gewicht wird Ihre Offerte beim Verkäufer gewinnen. Im deutschsprachigen Raum ist so eine Anzahlung unüblich, in anderen Ländern ist sie allerdings unabdingbar.

Als Earnest Money Betrag ist 10% des Kaufpreises angemessen, wobei bei der Offertenübergabe ein Betrag von $2.000,00 bis $5.000,00 in Form eines Schecks reicht. Ihr Agent wird den Scheck kopieren und zunächst nur die Scheckkopie der Offerte beifügen.

Der Originalscheck verbleibt zunächst im Immobilien-Office Ihres Agenten. Der restliche Betrag des Earnest Money ist bei Annahme der Offerte durch den Verkäufer bereitzustellen.

Ein kleines Beispiel zum besseren Verständnis:

Ihre Traumimmobilie hat einen Kaufpreis von $200,000 und als Earnest Money wird $20,000 angeboten, das entspricht 10% des Kaufpreises.

Bei der Unterschrift der Offerte übergeben Sie einen Scheck von $5,000 an das Office Ihres Agenten. Das Office verwahrt das Earnest Money treuhänderisch. Die von Ihnen unterzeichnete Offerte, eine Kopie Ihres Schecks sowie der Nachweis Ihrer Finanzmittel werden an den Verkäufer Agent übergeben.

Beides – der Finanznachweis und das Earnest Money (Scheckkopie) – bekräftigen die Ernsthaftigkeit Ihres Käuferwillens.

Sollten diese Informationen nicht gemeinsam mit der Offerte dem Verkäufer übergeben werden, wird der Verkäufer Ihre Offerte nicht ernsthaft in Betracht ziehen und das Interesse des Verkäufers an Ihrer Offerte ist gering.

Für den Verkäufer kann der von Ihnen angebotene Kaufpreis ein attraktives Argument sein, Ihre Offerte anzunehmen. Ist der Kaufpreis hoch genug, stehen Ihre Chancen gut, dass der Verkäufer Ihre Offerte akzeptieren wird.

Ein weiterer Nutzen für den Verkäufer kann Barzahlung – Cash – sein oder eine geringe Finanzierungssumme. Auch ein schneller Abschlusstermin ist für den Verkäufer ein Vorteil.

Dies ist nur eine Auswahl und weitere können Sie von Ihrem Agent erfragen. Beraten Sie sich mit Ihrem Agent und machen Sie das beste Angebot, das Sie sich leisten können.

Kommen wir zurück zu der übergebenen Offerte, die der Verkäufer jetzt prüft. Sobald der Verkäufer sich für eine der vorliegenden Offerten entschieden hat und diese unterschreibt, besteht ein rechtlich bindender Vertrag.

Dieser Vertrag ist vergleichbar mit einem notariell beurkundeten Vertrag in Europa. Ihr Agent erhält den unterschriebenen Vertrag vom Verkäufer Agent zurück und wird Ihnen diesen übergeben.

Sobald der Verkäufer Ihrem Angebot zugestimmt hat, können Sie sich freuen. Die erste Hürde haben Sie genommen und Sie sind auf dem besten Weg zum Closing (= Abschluss der Transaktion).

Es kann allerdings auch passieren, dass der von Ihnen angebotene Kaufpreis dem Verkäufer zu niedrig ist, weil Sie versuchen Geld zu sparen und Ihr angebotener Kaufpreis unter den Erwartungen des Verkäufers liegt. Das ist aus Ihrer Sicht okay, aber der Verkäufer muss Ihr Angebot nicht akzeptieren.

In einem solchen Fall wird der Verkäufer Ihnen ein Gegen-angebot machen und nun beginnen die Verhandlungen bis beide Vertragsparteien sich auf einen Kaufpreis einigen.

Zur Veranschaulichung ein Beispiel:

Die Immobilie wird am Markt für $200,000 gelistet, Sie als Käufer wollen aber nur $180,000 zahlen und haben auch nur diesen Betrag in der Offerte angeboten.

Für den Verkäufer ist der angebotene Kaufpreis zu gering und er kontert Ihre Offerte mit $190,000 als Kaufpreis. Sie haben jetzt drei Möglichkeiten:

1. Sie nehmen dieses Angebot an

2. Sie beenden die Transaktion

3. oder Sie kontern das Verkäufer Angebot.

Wenn Sie dem Konterbetrag des Verkäufers zustimmen, wird die Offerte entsprechend angepasst und vom Verkäufer unterschrieben und die Transaktion wird auf dieser neuen Kaufpreisbasis fortgesetzt.

Ihre zweite Option ist, dass Sie diesen neuen Kaufpreis nicht anzunehmen. In diesem Fall wird die Offerte storniert – sie wird gecancelt – und Sie erhalten Ihr Earnest Money von dem Office Ihres Immobilienprofis zurück. Käufer und Verkäufer gehen beide ihrer Wege. Transaktionskosten sind noch nicht entstanden.

Bei der dritten Option wird über den Verkaufspreis verhandelt. Ihnen ist der Kaufpreis $190,000 zu hoch, aber bei $187,000 würden Sie zustimmen und Ihre Traumimmobilie kaufen. In diesem Fall unterbreitet Ihr Agent der Verkäuferseite Ihr neues Angebot in Höhe von $187.000,00, das hoffentlich akzeptiert wird.

Die Verhandlungen werden fortgesetzt, bis ein Konsens erreicht wird oder die Transaktion abgebrochen wird.

In unserem Beispiel gehen wir davon aus, dass Sie das Angebot annehmen und der Verkäufer unterzeichnet die Offerte und es entsteht der rechtlich bindende Vertrag zwischen Ihnen und dem Verkäufer.

Mit diesem für beide Seiten bindenden Vertrag beginnt die Uhr bis zum Abschluss der Transaktion (= Closing) zu laufen.

Die übliche Zeitspanne für eine Transaktion sind 30 Tage. Diese Zeitspanne beginnt sobald beide Vertragsparteien unterschrieben haben und endet, wenn die Abschlussdokumente am Closingtag unterzeichnet, die Immobilienschlüssel an den Käufer übergeben und der Kaufpreis an den Verkäufer ausgezahlt werden.

30 Tage – das klingt lang, allerdings sind innerhalb dieser Zeit viele zeitlich determinierte Zwischenschritte abzuwickeln, damit Sie am Ende ein glücklicher Immobilieneigentümer sind.

Um ein glücklicher Immobilienbesitzer zu werden, sind Sie sicher daran interessiert, dass Sie Ihr Geld nur für eine Immobilie bezahlen, die keine oder nur geringe Baumängel und keine Belastungen hat. Um dies sicher zu stellen sind diverse Aktivitäten und Recherchen durchzuführen.

Kehren wir zurück zu unserem Beispiel:

Sie haben sich mit dem Verkäufer Ihrer Traumimmobilie im Vertrag auf den Kaufpreis von $190.000,00 geeinigt. Der Vertrag wurde am 15. Oktober geschlossen und der Abschluss der Immobilientransaktion ist für den 15. November – also 30 Tage nach Vertragsunterzeichnung – vorgesehen.

Auf die Plätze, fertig, los – die Zeit läuft

Neben dem Kaufpreis ist im Vertrag vereinbart worden, dass die Titelgesellschaft Title-ABC (das ist eine fiktive Titelgesellschaft für unser Beispiel) die rechtliche Prüfung der Immobiliendokumente durchführt und als Treuhänder für die Gelder der Transaktion fungiert.

Sie fragen sich jetzt sicher, was eine Titelgesellschaft ist. Lassen Sie uns hier kurz einen kleinen Exkurs vornehmen. Eine Titelgesellschaft übernimmt einige Funktionen, die im deutschsprachigen Raum ein Notar erledigt. Der Notar beurkundet die Übertragung einer Immobilie und nimmt Einsicht ins Grundbuch und so weiter.

Die Urkunde, die das Eigentumsrecht an einer Immobilie und dem dazugehörigen Land darstellt, heißt in den Vereinigten Staaten/Florida „Titel" und damit erklärt sich auch der Begriff „Titelgesellschaft" (im Englischen Title geschrieben).

Abweichend von einem deutschen Notar übernehmen in Florida die Titelgesellschaften auch die treuhänderische Verwaltung der Transaktionsgelder, die in der Kauftransaktion bewegt werden.

Nach meinen eigenen Erfahrungen übernehmen die Notare in Deutschland im Zusammenhang mit Immobilienbeurkundungen keine Trauhandfunktionen mehr und die Gelder der Transaktion werden direkt auf die Konten der beteiligten Parteien gezahlt.

Bei der Offertenerstellung haben Sie als Käufer der Immobilie den Earnest Money Scheck – in unserem Beispiel $5.000,00 – an das Office Ihres Agenten zur Verwahrung gegeben.

Nachdem der Verkäufer die Offerte unterschrieben hat und der Kaufvertrag jetzt rechtlich bindend ist, wird das Earnest Money, das sich noch im Office Ihres Agenten befindet, an die Titelgesellschaft weitergereicht. Diese deponiert das Earnest Money auf ihrem Treuhandkonto und übersendet nach Eingang Ihnen und dem Verkäufer eine schriftliche Empfangsbestätigung. Diese Bestätigung wird per Post oder Email zugesandt.

Jetzt ist es Ihre Aufgabe als Käufer den Rest des vertraglich vereinbarten Earnest Money an die Titelgesellschaft auf das Treuhandkonto zu zahlen. Die Bezahlung kann entweder per Überweisung oder per Scheck erledigt werden. In unserem Fall wären dies $14.000,00.

Unser Beispiel:

Kaufpreis der Immobilie ist $190.000,00, davon 10 % = $19.000,00 abzüglich des bereits bei Offertenabgabe übergebenen Schecks von $5.000,00. Der zu zahlende Betrag ist $14.000,00.

Weiterhin benötigt die Titelgesellschaft die Käufer- informationen, Name, Adresse, Heimatland, Telefon, Email, Fax (falls vorhanden), damit die neuen Eigentumsdokumente auch korrekt vorbereitet und ausgestellt werden.

Diese Daten werden beim Abschluss (=closing) anhand der persönlichen Ausweisdokumente – in Ihrem Fall Reisepass - überprüft.

Selbstverständlich werden die vorstehenden Daten des Verkäufers vom Verkäufer Agent eingefordert.

Die nächste Aufgabe der Titelgesellschaft ist die Überprüfung aller zur Immobilie gehörenden Dokumente wie zum Beispiel Vorbesitzer, Immobilien-Steuerzahlungen,

Lasten und Belastungen Ihrer Traumimmobilie.

Um den Unterschied zwischen dem deutschsprachigen Raum und den Vereinigten Staaten zu verstehen, hier ein kleiner Exkurs in das deutsche Grundbuch.

Im deutschsprachigen Raum heißt dieses Dokument „Grundbuchauszug". In diesem sind alle wichtigen Immobiliendetails zusammengefasst. Das Grundbuch einer Immobilie besteht aus der Aufschrift und dem Bestandverzeichnis sowie den drei Abteilungen.

Die Aufschrift einer Grundbuchakte ist der Name der jeweiligen Immobilie. Dieser Name besteht aus der Gemeindebezeichnung sowie der Band und Blattnummer. Sie lautet in etwa wie folgt „Grundbuch der Gemeinde Irgendwo, Band 12, Blatt 3456".

Das Bestandsverzeichnis beschreibt die genaue Adresse, Lage und Größe der Immobilie, die zu der vorstehenden Aufschrift mit Band und Blattnummer zugeordnet ist.

Die Abteilung 1 enthält den Eigentümer des Grundstücks und der Immobilie.

In der Abteilung 2 sind mit dem Grundstück verbundene Rechte und Pflichten beschrieben. Dazu zählen Wegrechte, Rechte für Versorgungsleitungen etc.

In Abteilung 3 sind Belastungen des Grundstücks wie zum Beispiel Grundschuldeintragungen von Banken vermerkt.

Alle diese Einzelteile bilden das Grundbuch eines bestimmten Grundstücks mit dem darauf stehenden Gebäude. Die Einsichtnahme in ein solches Grundbuch darf nur bei berechtigtem Interesse erfolgen und ist beim Grundbuchamt des zuständigen Amtsgerichts möglich. Ein berechtigtes Interesse ist zum Beispiel dann gegeben, wenn Sie diese bestimmte Immobilie erwerben wollen.

In den Vereinigten Staaten gibt es vergleichbare Dokumente, nur die Bezeichnungen sind anders und die Ablage und Ordnungsform ist unterschiedlich. Im Gegensatz zu Europa sind solche Immobilieninformationen öffentlich und jeder kann diese einsehen.

Die Titelurkunde heißt hier „Deed" und wird nach dem Vertragsabschluss(=Closing) vom Gericht ausgestellt und dem Eigentümer per Post zugestellt. Außerdem wird das Dokument in den öffentlichen Dokumenten (=public records) archiviert und kann online eingesehen und jederzeit als Kopie ausgedruckt werden.

Die Aufschrift – das ist der Name des Grundstücks – ist in Florida eine 12-stellige Ordnungsnummer. Diese Ordnungsnummer wird auf allen relevanten Dokumenten und Papieren für das besagte Grundstück und die darauf stehende Immobilie benutzt. Damit sind die jeweiligen Dokumente immer einer bestimmten Immobilie zuzuordnen. Außerdem erhält jedes Dokument eine Buch- und Blattnummer, aber diese Nummerierung erfolgt nach dem Dokumenterstellungsdatum und ist losgelöst von der jeweiligen Immobilie.

Die 12-stellige Ordnungsnummer wird auch für die jährliche Steuerermittlung der Immobiliensteuer (=Property Tax) genutzt und ändert sich nicht. Aufgrund dieser 12-stelligen Ordnungsnummer kann auch ermittelt werden, in welchem Teil des Countys die Immobilie physikalisch liegt.

Nun zurück zur Titelgesellschaft. Sie trägt die Informationen über die ehemaligen Eigentümer zusammen und überprüft, dass alle vorherigen Eigentumsübertragungen ordnungsgemäß erfolgt und archiviert sind.

Wichtig ist in diesem Zusammenhang auch, dass zum Beispiel Grundstücksübertragungen im Erbfall korrekt erfolgten und dass bei einer Scheidung des jetzigen Eigentümers die Eigentumsrechte gemäß dem gerichtlichen Scheidungsdokument angepasst wurden.

Dokumentationsfehler können zu Verzögerungen bei der Erstellung der notwendigen Closingdokumente führen und den Titel verdunkeln – im Englischen heißt das „the title is cloudy or dirty".

Solche Titel beinhalten Risiken für den neuen Eigentümer und bedürfen daher einer intensiveren Bearbeitung und Klärung. Es empfiehlt sich in diesem Fall, die Beratung mit einem Real Estate Anwalt, um eventuelle Titelrisiken zu evaluieren.

Bei der weiteren Titeluntersuchung werden alle öffentlichen Dokumente bei Gericht durchsucht, aufgelistet und anschließend überprüft, in wieweit die Lasten und Belastungen des Grundstücks noch bestehen und abzulösen sind in der aktuellen Eigentümerübertragung.

Zu den Lasten und Belastungen einer Immobilie in den Vereinigten Staaten zählen zum Beispiel der Zugang zu den Strommasten und Wasser- und Abwasserleitung, die auf dem Grundstück stehen oder verlegt sind. Diese Nutzungsrechte sind vom Immobilieneigentümer zu dulden genau wie dies auch in Europa der Fall ist.

Bei der Titelüberprüfung wird auch untersucht, ob alle Rechnungen für Wasser und Strom bezahlt sind. Wenn nicht, so sind das Beträge, die beim Abschluss (=Closing) vom Verkäufer zu begleichen sind. Der Käufer ist dann vom

Abschlusstag – in unserem Beispiel ist dies der 15. November – verantwortlich.

Weitere Belastungen auf einer Immobilie sind zum Beispiel Lien der Bank. Ein Lien ist vergleichbar einer Grundschuld, die im Grundbuch eingetragen ist. Auch Privatdarlehen zum Beispiel von einem Familienangehörigen werden als Lien eingetragen und sind im Rahmen des Abschlusses (Closing) vom Verkäufer abzulösen.

Wenn der Vorbesitzer zum Beispiel seine Immobiliensteuer oder seine Einkommenssteuer nicht gezahlt hat, so sind auch solche Lien häufig bei Gericht als Belastungen auf der Immobilie eingetragen.

Ein Handwerker, der beim Verkäufer Bauarbeiten ausgeführt hat und nicht bezahlt wurde, kann ein Lien eintragen. Gleiches gilt für Lien, die im Rahmen einer Heilbehandlung des Verkäufers entstanden sind oder Strafen, die vom jeweiligen Wohnort verhängt werden, weil der Verkäufer seiner Verpflichtung zum Rasenmähen nicht nachgekommen ist.

Die Titelgesellschaft überprüft alle diese Belastungen und trägt Sorge dafür, dass alle bekannten Lien bis zum Abschluss (=Closing) endgültig abgelöst und gelöscht werden.

Anschließend wird ein sogenannter „Title Abstract" erstellt. Dabei handelt es sich um ein Dokument von drei bis fünf Seiten, in dem alle Ergebnisse aus der Titeluntersuchung beschrieben sind. Dieses Dokument ist einem Grundbuchauszug vergleichbar.

Auf Basis dieser Titeluntersuchung ist der Titel entweder sauber (clean) oder schmutzig oder vernebelt (dirty oder cloudy).

Diese Untersuchungsergebnisse entscheiden darüber, ob eine Titelversicherung für Ihre Traumimmobilie möglich ist. Die Titelversicherung versichert den Immobilienkäufer gegen eventuelle nicht dokumentierte oder schwebende, offene Forderungen ehemaliger Eigentümer.

Für Sie bedeutet das, sollte in der Zukunft ein Lien auf Ihre Immobilie eingetragen werden und Sie sind nicht der Schuldner dieses Liens, sondern ein Vorbesitzer, dann wird diese Titelversicherung die Schuld bezahlen und die Löschung des Liens erwirken.

Für einen sauberen oder clear Titel ist die Versicherung schnell und einfach zu erlangen. Bei einem „cloudy Title" ist meist nur eine eingeschränkte Versicherung möglich, während ein „dirty Title" nicht versichert wird.

Die Kosten für die Titeluntersuchung und die Titelversicherung wird in den meisten Fällen vom Verkäufer übernommen und wird im Rahmen der Abschluss-Abrechnung beim Abschluss (=Closing) mitberücksichtigt.

Sobald das Titeldokument – Title Abstract – erstellt ist, wird es dem Käufer zur Begutachtung vorgelegt. Diese Vorlage muss rechtzeitig vor dem Abschluss (=closing) erfolgen, damit Sie entscheiden können, ob der Titel für Sie als Käufer befriedigend ist.

Im Falle eines „cloudy" oder „dirty" Titels können Sie entscheiden, ob Sie einen solchen Titel auf eigenes Risiko akzeptieren. Wenn Sie sich entscheiden, dass der Titel für Sie nicht akzeptabel ist, können Sie von Ihrem Rücktrittsrecht vom Kaufvertrag Gebrauch machen.

Wenn Sie bei der Durchsicht des Titels unsicher sind und nicht wissen, was die einzelnen Positionen bedeuten, ist eine Beratung durch einen Fachanwalt unbedingt angebracht. Die

Kosten für diesen Anwalt sind nicht Bestandteil der Abschlusskosten und sind von Ihnen als Käufer zu bezahlen.

Sollten Sie einen „cloudy" oder „dirty" Titel akzeptieren, können Sie nach dem Abschluss der Immobilientransaktion nicht auf den Verkäufer und auf die Titelversicherung nur im Rahmen der in der Titelvereinbarung dokumentierten Versicherungsleistung zurückgreifen.

Während die Titelgesellschaft mit den obigen Aufgaben beschäftigt ist, dürfen Sie sich allerdings nicht zurücklehnen und warten. Auch für Sie sind einige Aufgaben zu erledigen.

Die Hausinspektion ist Ihre Aufgabe

Neben den rechtlichen Immobiliendetails wollen Sie sicher auch wissen, in welchem baulichen Zustand Ihre Traumimmobilie ist.

Ihr Agent wird für Sie zunächst bei dem Verkäufer Agent anfragen, ob eine Sellerdisclosure – das ist eine Verkäuferselbstauskunft bezüglich der Immobilie – vorliegt und eine Kopie für Sie erbitten.

Ein solches Dokument ist nicht verpflichtend für den Verkäufer und für Sie als Käufer der Immobilie ist dieses Dokument lediglich eine Information. Eine eigene Hausinspektion durch einen kompetenten Dienstleister ist unbedingt anzuraten. Vertrauen Sie nicht auf die Selbstauskunft nur, weil Sie ein paar Dollar sparen wollen.

Diese Hausinspektion untersucht die Bausubstanz der Immobilie und der Hausinspektor dokumentiert seine Ergebnisse schriftlich in einem Bericht mit Fotos. Dieser Bericht ist für Sie eine Möglichkeit den Kaufvertrag aufgrund von Baumängeln zu beenden und Ihr Earnest Money zurück zu erhalten.

Die wichtigsten Punkte bei dieser Untersuchung sind die Dachkonstruktion, die Außenwände, Fenster und Türen sowie die Elektroausstattung des Hauses und das hausinterne Wasser und Abwassersystem.

Im Rahmen Ihrer Hausinspektion werden auch die im Kaufvertrag enthaltenen Küchen- und Hausausstattungsgegenstände überprüft. Das bedeutet im Einzelnen, dass der Kühlschrank und der Herd auf Funktionsfähigkeit geprüft werden.

Der Herd und der Backofen wird auf die Heizleistung

geprüft und der Kühlschrank auf seine Kühl- und Frosterleistung.

Ein vorhandener Geschirrspüler wird gestartet und durchläuft einige Programmpunkte. Gleiches erfolgt bei einer vorhandenen Waschmaschine, wenn diese im Kaufvertrag enthalten ist.

Die Funktionen des Mikrowellenherdes, vorhandene Dunstabzugshaube und Wäschetrockner werden kontrolliert und bewertet.

Der Wasserboiler und die Klimaanlage werden auf ihre Funktionsfähigkeit und Leistung überprüft.

Das Alter sämtlicher Geräte wird aufgrund von Typenbezeichnung und Seriennummer festgestellt und im Bericht dokumentiert. Dadurch erhalten Sie einen Anhaltspunkt, wie alt diese Geräte sind und wann Sie gegebenenfalls einen Ersatz der Geräte vornehmen sollten.

Bei allen Haushaltsgeräten gilt, dass diese nur funktionsfähig sein müssen. Der Verkäufer macht keine Leistungszusagen und leistet keinen Ersatz für Alt-Geräte.

Selbstverständlich werden bei der Hausinspektion auch die Immobilien Add-Ons wie zum Beispiel Pool, Pooldeck, die automatische Poolreinigungsanlage und die Beregnungsanlage im Garten sowie das private Bootsdock – sofern vorhanden - untersucht.

Eine weitere Prüfung im Rahmen einer Hausinspektion ist die Termitenuntersuchung.

Viele Teile im Hausinneren sind aus Holz. Termiten sind Insekten, die in Florida vorkommen und Holz als Lieblingsspeise haben. Bei dieser Untersuchung handelt es sich um eine Vorsichtsmaßnahme, um beginnenden Termitenbefall festzustellen.

In Deutschland gibt es eine ähnliche Untersuchung für Holzbock oder Schwamm in den Immobilien.

Bei Termitenbefall kann der Käufer um die Behandlung der Immobilie mit Insektiziden oder einen Preisnachlass verhandeln. Die Behebung von eventuellen Termitenschäden ist allerdings selten verhandelbar.

Der Hausinspektor überprüft außerdem, ob alle Renovierungsmaßnahmen und Anbauten bei Ihrer Traumimmobilie ordnungsgemäß mit den erforderlichen Baugenehmigungen durchgeführt und das diese Baugenehmigungen entsprechend vom Bauinspektor der Stadt abgenommen sind.

Im Falle einer offenen Baugenehmigung ist dies ein Titelproblem, das von der Titelgesellschaft zu bearbeiten und zu klären ist. Welche Maßnahmen in diesem Zusammenhang zu ergreifen sind, hängt von dem Inhalt der Baumaßnahme ab.

Um Ihr neues Traumhaus anschließend gegen Sturm, Feuer und Wasser versichern zu können, werden häufig im Rahmen der Hausinspektion einige weitere Prüfungen vorgenommen. Diese Zusatzprüfungen erfolgen auf Basis der Vorgaben der Hausversicherer. Der Umfang und die Kriterien können sich ändern aufgrund neuerer Bauvorgaben und Versicherungsrichtlinien und werden hier nicht weiter behandelt.

Als Ergebnis dieser Untersuchung erhalten Sie einen separaten Versicherungsreport, den Sie bei Ihrem zukünftigen Hausversicherer vorlegen können, um einen Versicherungsrabatt zu erhalten.

Wenn ein solcher Versicherungsreport während Ihrer Hausinspektion erstellt wird, erhalten Sie häufig vom Hausinspektor einen Rechnungsrabatt.

Wenn Sie diese für den Hausversicherer notwendige Inspektion nicht während der Hausinspektion durchführen lassen, wird Ihr Hausversicherer diese Überprüfung veranlassen auf Ihre Kosten und das wird geschätzt 20% bis 30% teurer werden. Komplett ignorieren können Sie diese Untersuchung nur, wenn Sie Ihre Immobilie nicht versichern wollen. Dieses Risiko einzugehen ist nicht ratsam, weil Sie im Brand oder Sturmfall die Schadenskosten selbst bezahlen müssen.

Die Hausinspektion und die Versicherungsinspektion sind Untersuchungen, die zu Ihrer Absicherung notwendig sind und die entstehenden Kosten sind von Ihnen als zukünftigen Eigentümer zu tragen. Diese Kosten gehören nicht zu den Abschlusskosten.

In seinem Hausinspektionsbericht beschreibt der Hausinspektor die festgestellten Mängel und empfiehlt eine entsprechende Lösung. Die Kosten, die bei der empfohlenen Lösung genannt werden, sind nur Anhaltspunkte für Sie. Die tatsächlichen Kosten werden Sie erst erhalten, wenn Sie einen Handwerksbetrieb mit der Behebung der Mängel beauftragen und einen Kostenvoranschlag für die Arbeiten und das Material erhalten.

Die veranschlagten Korrekturkosten für die Mängel sind allerdings hilfreich für eine gegebenenfalls anschließende Nachverhandlung des Kaufpreises. Sie können versuchen aufgrund der Hausinspektion einen Teil der zukünftigen Aufwendungen auf den Verkäufer abzuwälzen und so den Kaufpreis reduzieren.

Nehmen wir an, dass in unserem Beispiel die Kaufimmobilie einen geringeren Dachschaden hat, der zu einer Durchfeuchtung in einem der Schlafzimmer führte.

Die Feuchteschäden sind im Schlafzimmer als Flecken an der Decke sichtbar, aber die Ursache ist nicht bekannt, weil es dem Hausinspektor nicht erlaubt ist, Ursachenforschung zu betreiben und Decken und Wände aufzustemmen. Der Hausinspektor stellt lediglich die Fakten – Durchfeuchtung – fest und gibt eine ungefähre Kostenschätzung basierend auf seiner Erfahrung.

Der Hausinspektor wird in unserem Beispiel das Dach an der entsprechenden Stelle von außen begutachten und anschließend seine Fakten und fachliche Expertise dokumentieren.

Diese Expertise könnte sein, die Dachabdeckung ist beschädigt. Als Folge gelangte Wasser ins Hausinnere, hat die Dachisolierung beschädigt und den Deckenschaden verursacht. Seine Reparaturkostenschätzung für diesen Mangel liegt in unserem Beispiel bei $300,00 bis $1.000,00 – je nach Ursache.

Sie als neuer Eigentümer haben jetzt die Möglichkeit, den Verkäufer um Behebung des Schadens ohne Kaufpreisänderung zu bitten oder Sie verlangen eine Kaufpreisminderung in Höhe des geschätzten Schadens.

Der Verkäufer hat zwei Möglichkeiten: Er kann Ihrer Forderung nachkommen oder diese ablehnen.

Im Falle der Ablehnung haben Sie als Käufer die Option, vom bestehenden Kaufvertrag zurückzutreten und Sie bekommen in diesem Fall Ihr Earnest Money zurück.

Im Falle einer positiven Einigung mit dem Verkäufer wird

der Kaufpreis um den verhandelten Betrag angepasst und die Immobilientransaktion läuft ohne Unterbrechung weiter in Richtung Abschluss (=closing).

Für eine solche Hausinspektion ist im Immobilienkaufvertrag normalerweise eine Frist von 5 bis 10 Tagen vorgesehen. Diese Frist ist Bestandteil des Vertrages und beginnt zu laufen, wenn der Vertrag rechtlich bindend von beiden Vertragsparteien – Käufer und Verkäufer – unterschrieben ist.

In unserem Beispiel ist das Startdatum der 15. Oktober und das Ende ist maximal 10 Tage später.

Sollten Sie keine Hausinspektion innerhalb der vorgesehenen Frist durchführen oder Sie verzichten ganz auf die Inspektion, dann akzeptieren Sie die Immobilie in dem besichtigten Zustand und Sie haben kein Recht, den Kaufvertrag aufgrund von Baumängeln zu stornieren.

Sollten Sie es dennoch versuchen, aus dem Kaufvertrag auszusteigen, so ist dies ein Vertragsbruch von Ihrer Seite und Sie verlieren Ihr Earnest Money.

Jetzt zum Geld – Bar oder Finanzierung

Als Käufer haben Sie bis jetzt schon einige wichtige Transaktionsschritte erfolgreich abgeschlossen. Die Hausinspektion ist veranlasst und die Titeluntersuchung ist am Laufen.

Nun wird es Zeit, dass Sie sich um die Bezahlungsmodalitäten kümmern, die Sie in Ihrer Offerte dem Verkäufer angeboten haben.

Beim Abschluss des Kaufvertrages haben Sie als Käufer sich festgelegt, ob Sie in der Immobilientransaktion als Barzahler auftreten oder ob Sie eine Finanzierung für den Kauf der Immobilie nutzen werden.

Beginnen wir mit der Barzahlung Ihrer Traumimmobilie. Als Sie mit der Traumhaussuche begonnen haben, hatte Sie Ihr Immobilienprofi bereits nach Ihren finanziellen Geldmitteln befragt und um entsprechende Dokumente – Kontoauszügen oder Bankschreiben - gebeten.

Ihr Earnest Money – in unserem Beispiel war dies $19.000,00 bei einem Kaufpreis für Ihre Traumimmobilie von $190.000,00 – haben Sie bereits bei der Titelgesellschaft auf das Treuhandkonto eingezahlt. Mit diesem Betrag haben Sie bereits einen Teil der Gesamtkaufsumme bereitgestellt.

Jetzt sind die restlichen 90% des Kaufpreises sowie die notwendigen Kosten – Details hierzu werden beim Abschluss (=Closing) beschrieben – rechtzeitig vor dem Abschlusstermin auf das Treuhandkonto bei der Titelgesellschaft zu überweisen.

Ihre nächste Aufgabe ist jetzt, den Rest Ihrer Kaufpreissumme bereitzustellen. Wenn Sie das Geld noch in Ihrem Heimatland haben, wird es Zeit, das Geld in die Vereinigten Staaten zu transferieren und auf dem Treuhandkonto der Titelgesellschaft einzuzahlen.

Sollte Ihr Geld bereits auf einem Konto in den Vereinigten Staaten sein, sprechen Sie mit Ihrem Bankangestellten und klären Sie, wann Sie das Geld auf das Treuhandkonto der Titelgesellschaft überweisen.

Bitte beachten Sie, dass kompetente und vertrauenswürdige Titelgesellschaften keine Privatscheck oder Banknoten womöglich in einem Koffer akzeptieren werden. In diesem Fall kann sich für die Titelgesellschaft ein rechtliches Problem ergeben, weil bei solchen Barsummen unlautere Geschäfte – genauer Geldwäsche – vermutet werden.

Im Falle, dass eine Titelgesellschaft einen bankzertifizierten Scheck akzeptiert, muss dieser so rechtzeitig bei der Titelgesellschaft eingereicht werden, dass das von der Bank garantierte Geld mindestens zwei bis drei Tage vor dem Abschlussdatum (=closing date) auf dem Treuhandkonto verfügbar ist.

In unserem Beispiel ist das Closingdatum der 15. November und an diesem Datum sollte das Geld schon 3 Tage bei der Titelgesellschaft sein. Bitte bedenken Sie bei dieser Rechnung auch Sonn- und Feiertage.

Vielleicht fragen Sie sich, wieso dies so sein muss. In den Vereinigten Staaten werden generell große Bargeld-einzahlungen – als Cash oder Scheck - aufgrund des Geldwäschegesetzes überprüft und einer Regierungsstelle gemeldet.

Wenn Sie Bargeld in die Vereinigten Staaten einführen, so sind alle Geldmittel und Finanzpapiere, die den Gegenwert von $10.000,00 überschreiten an Ihrem Point of Entry zu deklarieren.

Der Point of Entry ist für Sie der Schalter der Grenzkontrolle (=Border Patrol and Homeland Security) im Flughafen. In Florida ist dies meist Miami, wenn dies der erste Punkt ist, an dem Sie die Vereinigten Staaten betreten.

Sollten Sie die Geldmittel nicht deklarieren, machen Sie sich strafbar. Die Bestrafung kann sehr empfindlich ausfallen und Sie mehr kosten als Sie bereit sind zu zahlen. Glauben Sie mir, es lohnt sich nicht. Außerdem erfolgt die Deklaration ganz simpel auf Ihrer Zollerklärung und hat für Sie keine Konsequenzen.

Um dieses ganze Problem zu umgehen, lohnt es sich das Geld auf dem Überweisungsweg in die Vereinigten Staaten zu transferieren.

Sicher interessiert es Sie, wie Sie an der Währungs-umrechnung etwas Geld verdienen können und die Währungsschwankungen für sich nutzen. Bei geschickter und rechtzeitiger Vorbereitung ist dies leicht möglich, so lange Sie keinen strikten und festen Stichtag wie zum Beispiel einen Closingtermin haben. Diese Geldtransfer Option ist legal und sicher und wird auch von großen Unternehmen genutzt.

Um Details zu diesem Thema zu erhalten, stehen wir Ihnen gern mit Informationen zur Verfügung. Die Erläuterung in diesem Buch sprengt allerdings den Rahmen.

Kommen wir jetzt zu der Option Finanzierung im Immobilienvertrag. Diese Option hat einige Besonderheiten, die zu beachten sind und benötigt mehr Zeit für die korrekte und sichere Umsetzung.

Ist der Kauf Ihrer Traumimmobilie auf eine Finanzierung angewiesen, muss dies Ihre erste Priorität beim Immobilienkauf sein. Erste Aktivitäten sollten Sie bereits starten bevor Sie mit der Haussuche beginnen, weil die Dokumentation für einen Darlehensantrag zeitaufwendiger ist als eine Barabwicklung. Sie benötigen Dokumente von Ihrer Heimatbank und Ihrem Steuerberater, um Ihre Einkommensverhältnisse darzulegen.

Vielleicht sagen Sie jetzt, es macht für Sie keinen Sinn, eine

Kreditanfrage zu stellen, wenn Sie nicht wissen, wieviel Geld Sie benötigen. Das stimmt leider nicht. Es macht sehr wohl Sinn, diese Frage mit einem Finanzierungsdienstleister zu erörtern und zu klären, wieviel er Ihnen als Darlehen gewähren wird. Erst danach wird die Suche Ihrer Traumimmobilie sinnvoll und erfolgreich sein.

Mit der Auswahl der Finanzierungsmöglichkeit in dem Kaufvertrag mit dem Verkäufer sind Sie im Übrigen eine zeitliche Verpflichtung eingegangen. Das heißt, gemäß Ihrem Kaufvertrag haben Sie nur einen sehr engen Zeitrahmen für die Beantragung einer Finanzierung und Sie sind verpflichtet den Verkäufer zeitnah zu informieren, dass Sie die Finanzierungszusage erhalten haben.

Wenn Sie diesen Zeitrahmen nicht halten können, weil Sie zum Beispiel nicht alle Dokumente für die Finanzierung zusammentragen können, dann kann dies ein Bruch des Vertrages sein und Sie können im schlechtesten Falle Ihr Earnest Money verlieren. Sie wollen das sicher nicht riskieren und sind bereits bei der Offertenabgabe „pre-qualifiziert" von einem Kreditgeber.

Es gibt zwei Arten von Kreditfinanzierern:

Den Mortgage Broker und den Mortgage/Loan Officer.

Der Mortgage Broker ist ein selbstständiger Finanzierungsvermittler. Er arbeitet mit unterschiedlichen Bankinstituten und auch privaten Geldgebern zusammen.

Der Mortgage/Loan Officer hingegen ist bei einer Bank angestellt wie zum Beispiel Bank of America und entspricht in seiner Funktion einem Darlehenssachbearbeiter im deutschsprachigen Raum.

Eine Pre-Qualifikation bedeutet nichts Anderes, als dass Sie gemeinsam mit einem Finanzierungsprofi Ihre Einkommens- und der Vermögensverhältnisse durchsprechen. Wichtig ist für den Berater, wieviel Sie monatlich verdienen und welche Ausgaben und Verpflichtungen Sie haben. Der übrig bleibende frei verfügbare Betrag kann zukünftig für die Bedienung des Darlehens in den Vereinigten Staaten genutzt werden.

Außerdem wird zu diesem Zeitpunkt ermittelt, wie hoch der maximal mögliche Finanzierungsbetrag für Ihre Traumimmobilie sein darf. Für einen Nicht-Amerikaner liegt die Finanzierungsquote für eine Immobilie im besten Fall bei 70 % des Kaufpreises.

Damit haben Sie eine verlässliche Basis, wieviel Ihre Traumimmobilie maximal kosten darf. Alle diese Details werden in dem Pre-Qualifikation Brief Ihres Kreditgebers dokumentiert und Sie erhalten diesen Brief für Ihre Unterlagen.

Dieser Brief sollte Ihnen bereits vorliegen, bevor Sie mit der Immobiliensuche beginnen. Sie wissen zu dem Zeitpunkt bereits, was Sie sich leisten können und welche Immobilien Ihr Agent Ihnen vorstellen kann.

Wenn Sie diesen Schritt erst nach Offertenabgabe beginnen, kann es Ihnen passieren, dass Sie sich schon so sehr in Ihre Traumimmobilie verliebt haben und jetzt feststellen, dass der Kaufpreis für Sie nicht bezahlbar ist. Sie zerstören damit nur Ihre Träume und Ihre Bemühungen der Immobiliensuche waren vergebens. Diese Frustration ist vermeidbar mit der richtigen Vorbereitung.

In unserem Beispiel haben wir einen Kaufpreis von $190.000,00 und bei einer Finanzierungsquote von 70% des Kaufpreises wäre Ihr maximaler Kreditbetrag $133.000,00.

Smart wie Sie sind, wissen bereits, dass Sie diesen Betrag finanzieren können und Ihre Traumimmobilie haben Sie zwischenzeitlich gefunden.

Die Hausinspektion haben Sie ebenfalls durchgeführt und Sie wissen, was Sie von der Bausubstanz Ihrer Immobilie zu erwarten haben und ob Sie eventuell etwas Geld für eine Renovierung einplanen sollten.

Nachdem die Darlehensvorprüfungen erledigt sind und Sie Ihre Traumimmobilie gefunden haben, wird Ihr Finanzprofi mit Ihnen die unterschiedlichen Finanzierungsoptionen besprechen und durchrechnen.

Die Finanzierungsvarianten können verschiedene Laufzeiten beinhalten. Üblich sind 5, 10 oder 15 Jahre. Auch 30 Jahre sind verfügbar, aber für Sie als Nicht-Amerikaner vielleicht nicht so attraktiv, wenn Sie nicht beabsichtigen Einwanderer zu werden und Ihre Immobilie so lange halten wollen.

Bei den Zinsen können Sie zwischen festen und variabel Zinsen wählen, wobei die Zinssätze für Nicht-Amerikaner geringfügig höher sind als bei Amerikanern. Die Darlehensgeber gehen bei einem Nicht-Amerikaner ein höheres Kreditrisiko ein und lassen sich dies in Form von höheren Zinsen bezahlen.

Es gibt auch in den Vereinigten Staaten die Zinssatzreduktion, wenn Ihnen die Zinssätze zu hoch sind. In diesem Fall zahlen Sie ein Disagio oder Abschlag bei der Kreditauszahlung. Die Bezeichnung für dieses Disagio heißt in den Vereinigten Staaten „Points" und je höher die Points

Anzahl ist, desto höher ist der Abschlag. Basis für die Berechnung des Disagios ist der Darlehnsbetrag.

Bei allen Finanzierungsvarianten ist meine Empfehlung stets zu fragen, ob Sondertilgungen und vorzeitige Rückzahlungen möglich sind und ob in diesem Fall Kosten entstehen. Normalerweise sind solche Rückzahlungsmodalitäten kostenfrei, es ist aber besser, es zu überprüfen und entsprechend dokumentieren zu lassen.

Ein wichtiger Tipp für Sie: Sie müssen nicht bei dem Kreditgeber bleiben, von dem Sie die Pre-Qualifikation bekommen haben. Sie können für die besten Darlehnskonditionen „shoppen" gehen und sich den für Sie besten Darlehnsgeber aussuchen. Allerdings dürfen Sie dabei nicht den Zeitrahmen Ihres Kaufvertrages aus dem Auge verlieren.

Nachdem Ihre Finanzierungsoptionen geklärt sind, startet Ihr Finanzierungsprofi durch. Er wird die für die Kreditvergabe notwendigen Dokumente von Ihnen einholen und verifizieren. Diese notwendigen Dokumente können von Finanzierer zu Finanzierer differieren, beinhalten aber immer verifizierbare Einkommensnachweise, Steuererklärung, Briefe von Ihrer Hausbank und Ihrem Steuerberater.

Alle Dokumente müssen in Englisch verfasst sein. Die Übersetzungen müssen einen entsprechenden Zertifizierungsvermerk vom Übersetzer tragen, anderenfalls kann es zu Schwierigkeiten bei dem Darlehnsgeber kommen. Ihr Darlehensgeber versteht kein Deutsch und kann den Inhalt der Dokumente nicht verifizieren. Die Verifizierung ist allerdings notwendig für die Darlehensvergabe.

Sie haben selbstverständlich alle Dokumente dabei und der

Finanzierer bereitet die entsprechende Darlehensvereinbarung für Ihre Traumimmobilie vor.

Bevor Sie den endgültigen Darlehensbetrag mitgeteilt bekommen, wird zunächst eine Wertschätzung für Ihre Traumimmobilie durchgeführt.

Die Wertermittlung oder Wertschätzung der Immobilie ist nicht vergleichbar mit der Hausinspektion, weil die Zielsetzung unterschiedlich ist.

Die Hausinspektion untersucht die Bausubstanz der Immobilie und stellt eventuelle Mängel und Reparaturaufwand fest. Außerdem dient Sie Ihrer Absicherung, damit Sie wissen, was Sie kaufen.

Die Wertschätzung des Darlehensgebers dient dem Schutz des Darlehensgebers und die Gebühren für die Wertschätzung sind Darlehensgebühren, die von Ihnen als Darlehensnehmer zu zahlen sind.

Bei dem Wertgutachten werden alle Details Ihrer Immobilie zusammengetragen. Es werden die Baustruktur, Alter der Immobilie, Renovierung, Erweiterungen und Umbau in Ansatz gebracht. Es werden Aufschläge für Add-Ons wie zum Beispiel Pool berücksichtigt sowie Abschläge für die Abnutzung älterer Gebäudeteile abgezogen.

Außerdem werden jeweils sechs gleichwertige Immobilien, die im Umkreis von ungefähr einer Meile liegen als Vergleichsimmobilien herangezogen. Der Kaufpreis Ihrer Traumimmobilie sollte innerhalb der Preisrange dieser Vergleichsobjekte liegen.

Drei dieser Vergleichs-Immobilien sind sogenannte Listing. Das heißt diese Immobilien werden derzeit aktiv auf dem Markt angeboten und sie sind noch nicht unter Vertrag. Bei den übrigen drei Immobilien handelt es sich um abgeschlossene Verkaufstransaktionen. Diese Verkaufstransaktionen liegen innerhalb der letzten drei bis sechs Monate vom Erstellungstag der Wertschätzung gerechnet.

Diese sechs Immobilien stellen den Marktpreis bzw. Marktwert einer vergleichbaren Immobilie im direkten Umfeld Ihrer Traumimmobilie dar. Der angemessene Rahmen für den Kaufpreis Ihrer Traumimmobilie sollte im Rahmen von 90% bis 110% der Vergleichsimmobilien liegen.

Bei unserem Beispiel bedeutet dies:

Der durchschnittliche Marktwert der Immobilien im Umkreis Ihrer Traumimmobilie liegt bei rund $200.000,00.

Alle vergleichbaren Immobilien der Wertermittlung liegen entweder etwas über oder unter dem Durchschnitt, haben eine ähnliche Haus- und Grundstücksgröße und eine vergleichbare Ausstattung. Damit ergibt sich eine Preisrange für die Nachbarschaft Ihrer Traumimmobilie von $180.000,00 bis $220.000,00. Innerhalb dieser Range sollte der von Ihnen zu zahlende Kaufpreis liegen.

In unserem Beispiel passt es bestens. Der von Ihnen gebotene Kaufpreis von $190.000,00 liegt bei 95 % der Vergleichsimmobilien. Sie haben also Ihre Immobilie zu einem günstigen Preis gekauft.

Der für die Finanzierung ermittelte Immobilienwert kann sogar über dem von Ihnen gezahlten Kaufpreis liegen. Das ist dann der Fall, wenn die Ausstattung des Traumhauses besser ist als die Ausstattung der am Markt vorhandenen Vergleichsimmobilien.

In diesem Fall haben Sie nicht nur ein Schnäppchen gemacht, sondern Sie haben bei der Finanzierung eine höherwertige Sicherheit für Ihr Darlehen bereitgestellt. Sie haben damit allerdings nicht unbedingt einen Anspruch auf einen höheren Kreditbetrag.

Hier ein paar Tipps, wie Sie bei rechtzeitiger Vorbereitung zu einem guten, kreditwürdigen Darlehensnehmer werden, bevor Sie überhaupt ein Darlehen beantragt haben.

Besonders seit der Finanzkrise in den Jahren ab 2008 sind strengere Gesetze erlassen worden, die die Kreditbedingungen stark verschärft haben. Diese Verschärfungen gelten nicht nur für Ausländer, sondern auch US-Amerikaner haben strengere Kreditbedingungen zu erfüllen.

Das Manko für ausländische Kreditnehmer ist die fehlende Credit History. Im deutschsprachigen Raum gibt es die sogenannte Schufa, die bei einer Kreditanfrage von den Kreditinstituten abgefragt wird. Außerdem haben viele Banken ein eigenes Kreditscoring, das aufgrund von Kontoaktivitäten die Kreditwürdigkeit ihrer Bankkunden ermitteln kann.

Alle diese Maßnahmen gibt es in den Vereinigten Staaten in dieser Form nicht. In den Vereinigten Staaten arbeiten die Kreditinstitute mit der Credit History. Diese Credit History wird aufgrund Ihrer Zahlungsmoral und der Nutzung Ihrer US-Kreditkarte ermittelt sowie Ihrer Kontoführung.

Sobald Sie in den Vereinigten Staaten ein Konto eröffnen, ist es ratsam mit dem Aufbau Ihrer Credit History zu beginnen. Sie wissen schließlich nie, wann und zu welchem Zweck Sie Ihre Credit History in der Zukunft benötigen.

Eine gute Möglichkeit für die Arbeit an Ihrer Credit History ist eine gesicherte Kreditkarte.

Für Details wie Sie diese bekommen und Fragen zu diesem Thema können Sie uns gern kontaktieren. Die Emailadresse finden Sie am Ende des Buches.

Ihre Kontoaktivitäten und die Ihrer Kreditkarten werden in den Vereinigten Staaten von drei unabhängigen Kreditbüros dokumentiert und dort überwacht. Jede Kreditkartenbewegung und Kreditanfrage wird kontrolliert zu Ihrer Sicherheit und für Ihre Credit History genutzt. Sie als Kontoinhaber sind berechtigt einmal im Jahr einen kostenlosen Kreditbericht bei diesen Kreditbüros abzufordern, um diesen zu prüfen, ob alle Details in diesem Kredit Report korrekt sind.

Diese Credit Reports sind besonders wichtig und erleichtern das Leben in den Vereinigten Staaten ungemein. Außerdem beeinflusst ein hoher Credit Score die Kreditkonditionen für Ihr Darlehen und die Bereitschaft, Ihnen ein Darlehen zu gewähren.

Vielleicht fragen Sie sich, wieso dieser kleine Ausflug in dieses Gebiet. Das ist ganz einfach. Häufig wächst der Wunsch eine Traumimmobilie zu kaufen etwas länger und langsam in einem. Während dieser Zeit können Sie schon viele Maßnahmen ergreifen, um Ihre Credit History aufzubauen, auch wenn Sie nicht ständig in den Vereinigten Staaten wohnen. Am Ende werden sich diese Vorbereitungen in besseren Kreditkonditionen und schneller Abwicklung bei der Darlehensvergabe bezahlt machen.

Ihre Credit History ist nur eine Hälfte, die Vorlage der notwendigen Dokumente und Nachweise ist die zweite Hälfte, um die Kreditzusage in den Vereinigten Staaten zu bekommen. Sobald alle Dokumente komplett sind, werden die Darlehenspapiere für das Darlehen zum Abschlusstermin

(=Closing Date) vorbereitet und an die Titelgesellschaft gesendet.

Die Unterzeichnung dieser Darlehenspapiere finden direkt beim Closing statt in den Räumen der Titelgesellschaft und nicht beim Kreditinstitut. Genau genommen werden Sie mit Ihrer Unterschrift unter den Closing Papieren zum Darlehensnehmer.

Zu den Darlehensdokumenten gehört neben dem Darlehensvertrag die Note. Der Darlehensvertrag enthält alle wichtigen Informationen über die Konditionen und Zahlungsmodalitäten, die Absicherung des Darlehensbetrages sowie das Prozedere für den Fall, dass Sie die Raten nicht zahlen. Das kennen Sie von Europa auch.

Die Note ist ein drei- oder vierseitiges Dokument, in dem Sie als Kreditnehmer die persönliche Haftung übernehmen und versprechen das Darlehen wie vereinbart zurückzuzahlen. Im deutschsprachigen Raum ist dies meist in den Darlehensbedingungen des Darlehensvertrages integriert.

Für beide Darlehensdokumente werden separate Gebühren für die Eintragung ins öffentliche Register fällig. Die Höhe der Gebühren richtet sich nach der Höhe des Darlehensbetrages und diese Gebühren zählen zu den Closing Kosten, die vom Käufer am Abschlusstag zu zahlen sind. Alle diese Vertragskosten werden in der Transaktionsabrechnung beim Closing berücksichtigt und stehen in dem Abrechnungsdokument unter Ihrem Namen beziehungsweise in der Spalte des Käufers.

Der Darlehensgeber und die Titelgesellschaft stimmen sich über die jeweilige Dokumentenübergabe und die Überweisung des Darlehensbetrages ab. Die Titelgesellschaft überwacht die rechtzeitige Bereitstellung des Geldes und der notwendigen Dokumente zum Closing Tag.

Ohne die vollständige Vorlage aller Dokumente und der Geldmittel gibt es kein Closing, deshalb ist es sehr wichtig, dass alle beteiligten Personen ständig im Kontakt stehen und rechtzeitig die eventuell auftretenden Hürden klären und beseitigen.

Vielleicht denken Sie jetzt, dass ist zu kompliziert und Sie wollen die Finanzierung lieber in Ihrem Heimatland vornehmen. In dem Fall treten Sie in der Immobilientransaktion als Barzahler auf und haben keinen zeitraubenden Kreditantrag in den Vereinigten Staaten zu stellen.

Nach den heutigen Bankregularien ist es sehr unwahrscheinlich, dass ein deutsches Kreditinstitut eine Immobilie im außereuropäischen Ausland direkt finanzieren und beleihen wird.

Um trotzdem die notwendigen Geldmittel für den Kauf Ihrer Traumimmobilie zu erhalten, können Sie Ihren Immobilienbesitz in Ihrem Heimatland beleihen und den Darlehensbetrag anschließend für den Kauf Ihrer Immobilie in Florida verwenden. Allerdings sollten Sie Ihr Kreditinstitut entsprechend über die Verwendung Ihres Geldes in Kenntnis setzen.

In diesem Fall bedenken Sie bitte, dass alle Aktivitäten in Ihrem Heimatland rechtzeitig gestartet und abgeschlossen werden, damit der Darlehensbetrag zum Closing (=Abschlusstag) auf dem Treuhandkonto der Titelgesellschaft eingegangen ist. Bitte bedenken Sie auch den Überweisungsweg und die Zeit, die eine solche Überweisung aus technischen Gründen benötigt.

Wie bereits erwähnt sollten die zur Bezahlung Ihrer Traumimmobilie notwendigen Geldmittel wenigstens drei

Tage vor dem geplanten Abschlusstermin (=closing) auf dem Treuhandkonto bei der Titelgesellschaft eingehen, anderenfalls kann die Transaktion nicht abgeschlossen werden.

Gratulation!

Sie haben jetzt alle notwendigen Aktivitäten für eine Finanzierung oder Bezahlung Ihrer Traumimmobilie vorbereitet und können sich für diesen Bereich entspannen. Die Titelgesellschaft wird die weiteren Details und Schritte gemeinsam mit Ihrem Agent und dem Agenten des Verkäufers überwachen.

Die Landvermessung

Eine weitere wichtige Aktivität ist die Grundstücksvermessung. Damit wird festgestellt, wo das Grundstück Ihrer Immobilie liegt und wie groß es ist.

Im deutschsprachigen Raum sind das die Katasterunterlagen, die vom Katasteramt erstellt und gepflegt werden.

Es ist in Deutschland einfach, diese Unterlagen in Kopie bei der zuständigen Behörde abzuholen. Es handelt sich meist um zwei oder drei Seiten, auf denen die genaue Lage des Grundstücks und des vorhandenen Hauses mit den korrekten Längenmaßen dargestellt ist. Die Beschreibung wird vorgenommen anhand von Ortsnamen und Gemarkungsbezeichnungen sowie Flurstückbezeichnung. Um die Begrenzung des Grundstücks genau festzulegen, enthält das Dokument auch die genaue Lage der Grenzsteine, die Größe des Grundstücks und die Größe und Lage einer darauf stehenden Immobilie. Die Informationen der Katasterunterlagen sollten mit den Grundbuchdaten übereinstimmen.

Die entsprechenden Gegenstücke in Florida sind Township, Block und Section. Die Grundstücksbegrenzungen heißen Iron Rods und es handelt sich um Metallstäbe, die an den Grundstücksecken in den Boden geschlagen sind.

Eine zentrale Stelle für solche Unterlagen gibt es in Florida nicht und jeder Immobilieneigentümer sorgt für seine eigene Grundstücksvermessung – die sogenannte Survey.

Um vergleichbare Dokumente für die Größe und Lage Ihrer Immobilie zu bekommen, beauftragen Sie eine Landvermessungsgesellschaft.

Diese Gesellschaft vermisst das Grundstück hinsichtlich der exakten Größe und die Endpunkte der Grundstücksfläche. Sie ersetzt gegebenenfalls fehlende Grenzsteine (=Iron Rods) und dokumentiert Grenzunklarheiten, wenn zum Beispiel der Nachbar seinen Zaun auf Ihr Grundstück gebaut hat.

Dieser gesamte Vorgang heißt „Erstellung einer Survey" und wird in einem entsprechenden Dokument niedergelegt. Die Erstellung dieses Dokuments obliegt dem Käufer und wird auch von ihm bezahlt. Es liegt im Interesse eines jeden Immobilienkäufers sich zu vergewissern, was er kauft und zwar bevor er zum Closing geht.

Die Titelgesellschaft wird Sie als Käufer auf die Survey hinweisen und Sie können selbst entscheiden, ob Sie die Survey in Eigenverantwortung veranlassen oder nicht.

Die Survey ist nicht zwingend erforderlich für einen erfolgreichen Abschluss der Transaktion.

Sollten Sie nach dem Closing allerdings Unklarheiten bezüglich der Grundstücksgröße herausfinden, haben Sie keine Möglichkeit mehr, Ansprüche an den Verkäufer zu stellen. Sie haben die Immobilie und das Grundstück beim Closing akzeptiert wie besehen ohne diese Immobiliendaten verifiziert zu haben.

Sonderfälle, die eine Immobilientransaktion beeinflussen

Die vorstehende Darstellung beinhaltet eine Immobilientransaktion ohne die Betrachtung von Sonderfällen. Einige Sonderfälle sollten Sie allerdings kennen, weil diese die zeitliche Abwicklung einer Transaktion beeinflussen werden.

Hauseigentümer- oder Kondominiumgemeinschaften

Wenn Ihre Traumimmobilie in einer Community – das ist wie bereits beschrieben eine Eigentümergemeinschaft für Einfamilienhäuser oder Eigentumswohnung – liegt, ist die Zustimmung der Eigentümergemeinschaft für die Immobilientransaktion einzuholen.

Der Grund für diese Zustimmung liegt darin, dass die Hauseigentümer oder Kondominiumeigentümer gemeinschaftlich die Außenanlagen der Eigentümergemeinschaft oder Eigentumswohnungen besitzen und für dessen Instandhaltung gemeinschaftlich aufkommen müssen.

Diese Unterhaltung wird mit monatlichen Hausgeldzahlungen der Eigentümer finanziert. Um diese Unterhaltung sicher zu stellen ist, hat jeder Eigentümer seine finanzielle Leistungsfähigkeit nachzuweisen und verpflichtet sich zu den vereinbarten monatlichen Zahlungen. Selbstverständlich akzeptieren Sie als neuer Eigentümer auch die Gemeinschaftsordnung der Community und verpflichten sich diese einzuhalten.

Sobald Sie den Kaufvertrag unterschrieben haben, werden Ihnen die Unterlagen der Eigentümer- oder Kondominiumgemeinschaft zur Verfügung gestellt.

Diese Dokumente beinhalten die Gemeinschaftsordnung, die Hausordnung (=Rules und Regulation), die letzten finanziellen Abrechnungen (=Financial Statements), den aktuellen Wirtschaftsplan sowie einen Fragen- und Antworten-Katalog.

Alle diese Dokumente werden Ihnen übergeben und Sie haben drei Tage Zeit diese Dokumente zu sichten und zu entscheiden, ob Sie mit diesen Regeln und Regularien Ihrer Traumimmobilie einverstanden sind. Nach drei Tagen müssen Sie Ihre Entscheidung treffen und eine sogenannte Genehmigungsanfrage (=Applikation) bei der Hauseigentümerverwaltung einreichen.

Bei dieser sogenannten Applikation, die von Ihnen zu bezahlen ist, wird ein Background-Check Ihrer Person durchgeführt. Dieser Backgroundcheck wird voraussichtlich ein negatives Ergebnis bringen, weil Sie hoffentlich noch nicht zum Bankräuber geworden sind, nur um sich Ihre Traumimmobilie zu leisten.

Sollte in irgendeiner Datenbank, die für den Background-Check kontrolliert wird, Ihr Name auftauchen, so wird das Ergebnis dieser Überprüfung positiv sein.

Die gefundenen Informationen werden mit Ihnen besprochen, denn es könnte sich um eine Namensgleichheit handeln oder es hat sich einfach ein Fehler eingeschlichen. Es ist anzuraten, dass Sie diesen Fehler korrigieren lassen, um für die Zukunft solche Meldungen zu vermeiden.

Bei einem negativen Ergebnis des Background-Checks werden Sie als neuer Miteigentümer zu einem persönlichen Interview gebeten. Bei diesem Interview handelt es sich um ein informelles Kennenlernen. Teilnehmer sind die aktuellen Eigentümervertreter und Sie als zukünftiger Eigentümer.

Nach dem Abschluss dieses Interviews werden Sie willkommen geheißen und Sie erhalten ein Zertifikat ausgestellt. Dieses Zertifikat ist das sogenannte Approval der Eigentümergemeinschaft und ist Bestandteil der Closing-dokumente, die am Abschlusstag (=Closing) vorliegen müssen.

Short Sale Verkäufe

Ein weiterer Sonderfall sind Immobilien, bei denen der Eigentümer in einer finanziellen Zwangslage steckt. Dabei handelt es sich um Short Sales. Diese Art der Transaktionen war direkt nach dem Platzen der Immobilienblase sehr stark verbreitet. Zeitweise waren 40 bis 50 % der am Markt angebotenen Immobilien sogenannte „Immobilien in Distress", das heißt sie waren Short Sales oder Bank-owned Immobilien.

Bei einem Short Sale ist der Verkäufer noch Eigentümer der Immobilie, allerdings kann er zum Beispiel seine Kreditraten nicht mehr ordnungsgemäß zahlen. Die Gründe hierfür sind häufig Jobverlust oder Krankheit.

In diesem Fall kündigt die Bank das Darlehen und stellt den gesamten Betrag fällig. Gleichzeitig erlaubt die Bank dem Verkäufer, seine Immobilie am Markt zum Verkauf anzubieten mit einem Real Estate Broker.

Sobald auf dem Markt ein Käufer gefunden ist und ein

bindender Kaufvertrag vorliegt, wird dieser Vertrag dem Kreditgeber zur Genehmigung vorgelegt.

Die Genehmigung des Kreditgebers ist erforderlich, weil häufig der Kaufpreis in einem solchen Fall geringer ist als der fällige Darlehnsbetrag. Das bedeutet, dass der Darlehnsgeber des Verkäufers einen Verlust erleiden wird.

Kein Finanzierer verliert gern Geld und daher sind hier intensive Verhandlungen auf der Verkäuferseite mit dem Kreditgeber erforderlich. Diese Verhandlungen können zu einer Verzögerung beim planmäßigen Abschluss (=Closing) führen. In diesem Fall wird von dem Immobilienkäufer ein wenig Geduld erwartet.

Das Besondere an diesem Short Sale Verfahren ist, dass die Bank bei einem solchen Short Sale die verbleibende offene Darlehensschuld vergibt und diese nicht mehr vom Darlehensschuldner eintreiben wird.

Als Gegenleistung bekommen Sie eine gut unterhaltene Immobilie lastenfrei und mit einem „Clean Title".

Die Short Sales waren während der Immobilienblase und in den Jahren danach ein größeres Problem, heute sind sie allerdings kein großes Thema mehr.

Bank-Owned oder REO

Der dritte Sonderfall sind Immobilien, die im Bankeigentum sind und auf dem Markt zum Verkauf angeboten werden. Diese Immobilien heißen Real Estate Owned (REO) oder Bank owned. Wie der Name bereits anzeigt, hat die Bank Ihren Foreclosure-Prozess (=Zwangsversteigerung in Europa) bereits abgeschlossen.

Diese Immobilien werden häufig zu einem Preis etwas unter dem Marktpreis angeboten, allerdings ist der Zustand dieser Immobilien nicht sehr attraktiv. Der vormalige Eigentümer hat die Immobilie bereits seit einiger Zeit verlassen und vermietet werden diese Immobilien sehr selten.

Wenn Sie eine Offerte auf eine solche Immobilie abgeben, werden Sie selten eine Preisreduktion aufgrund von Baumängeln erreichen können. Es werden auch keine Reparaturen durchgeführt und den Titel zu der Immobilie bekommen Sie so wie er ist. Die Bank wird keine Titelprobleme beheben und Sie bekommen eventuell einen „cloudy" oder „dirty" Titel. Das bedeutet für Sie, dass Sie nach dem Closing für alle auftretenden Probleme – offene Baugenehmigungen oder City Belastungen usw. – verantwortlich sind. Die Bank wird Ihnen dabei nicht helfen.

Sie sollten sich daher sehr genau überlegen, ob Sie dieses Risiko eingehen wollen, weil der Preis für die Immobilie für Sie so attraktiv ist. Die Beratung eines Fachanwalts ist in diesem Fall unbedingt anzuraten.

Vor dem Abschluss – Aktivitäten des Käufers

In unserem Beispiel sind wir von 30 Tagen bis zum Abschluss der Transaktion (=Closing) ausgegangen und diese 30 Tage sind jetzt fast vorüber. Bis jetzt waren Sie schon sehr fleißig und die Ziellinie ist schon zum Greifen nahe vor Ihnen.

Sie haben Ihre Traumimmobilie mittels einer Hausinspektion auf Probleme innen oder außen untersucht. Der Titel Ihrer Traumimmobilie ist überprüft und vom Verkäufer zusammen mit der Titelgesellschaft ordnungsgemäß bereinigt worden. Sie haben die neuen Titeldokumente bereits prüfen.

Ihre Fragen bezüglich des Titels haben Sie mit Ihrem Anwalt erörtert und eventuelle Korrekturwünsche haben Sie bei der Titelgesellschaft angemeldet und die Titelgesellschaft hat die erforderlichen Maßnahmen erfolgreich erledigt.

Sie haben mit einem Steuerberater ein klärendes Gespräch geführt, ob es für Sie steuerlich sinnvoller ist, die Immobilie in einer Gesellschaft oder einem Trust zu führen oder mit Ihrem privaten Namen.

Bei einem Trust können sich steuerliche Vorteile für Sie ergeben, die bei einer Gesellschaft nicht gegeben sind. Ob dies für Sie relevant ist oder nicht kann Ihnen nur Ihr Steuerberater erklären und nicht Ihr Anwalt, den Sie mit der Gründung des Trusts oder der Gesellschaft beauftragt haben, falls dies in Ihrem Fall notwendig ist.

Wenn Sie sich entscheiden, Ihre Traumimmobilie als Privateigentum zu erwerben, ist dies die einfachste und schnellste realisierbare Form der Eigentumsnahme. Bei allen anderen Eigentumsformen bestimmt Ihr Fachanwalt, den Sie hinzuziehen und der die rechtlich notwendigen Schritte durchführt, die Geschwindigkeit.

Die von Ihnen gewählte Eigentumsnahme ist auch mit Ihrem Darlehnsgeber abzustimmen und von diesem zu genehmigen. Bei der Eigentumsnahme als Trust oder Gesellschaft kann ein zusätzliches Finanzierungsdokument notwendig sein, weil die direkte und persönliche Haftung des Eigentümers bzw. des Darlehensnehmers nicht gegeben ist.

Für den Fall, dass Sie einen Trust oder eine Gesellschaft gegründet haben für Ihren Immobilienbesitz, so sollten diese Aktivitäten inklusive der notwendigen Steuerformalitäten wie zum Beispiel die Beantragung der Steuernummer abgeschlossen sein.

Eine Steuernummer bedeutet nicht, dass Sie steuerpflichtig sind und Steuern in den Vereinigten Staaten zahlen. Die Steuernummer ist lediglich für Sie als Trustbegünstigter oder als Geschäftsführer ein notwendiger Akt.

In welchem Fall Sie steuerpflichtig sind oder werden, wird Ihnen Ihr Steuerberater gern und ausführlich erklären. Eine Grunderwerbssteuer wie zum Beispiel in Deutschland gibt es in Florida nicht.

Allerdings wird eine jährliche Immobiliensteuer erhoben. Als groben Daumenwert können Sie von 2% des Immobilienkaufpreises ausgehen.

Der aktuelle Steuerwert wird Ihnen während der Transaktionsabwicklung mitgeteilt oder Sie sprechen einfach Ihren Agenten auf diese Information an.

Das Steuerjahr für die Immobiliensteuer ist Januar bis Dezember eines jeden Jahres. Der fällige Steuerbetrag für Ihre Traumimmobilie wird Ihnen im November des laufenden Jahres mitgeteilt und Sie haben bis zum 1. April des folgenden Jahres Zeit, diese Steuer zu bezahlen.

Hier gibt es einen sehr positiven Punkt zu beachten: Wenn Sie schnell zahlen, erhalten Sie einen Rabatt auf den fälligen Steuerbetrag. Je schneller Sie zahlen, desto mehr Rabatt auf den Steuerbetrag erhalten Sie.

Das heißt, wenn Sie sofort zahlen, kann der Rabattbetrag dreistellig sein. Wenn Sie erst Ende März des Folgejahres zahlen, gibt es keinen Rabatt mehr.

Um Ihnen die Rechenweise für die Steuer zu verdeutlichen, kommen wir zurück auf unser Beispiel, das wir bereits mehrfach benutzt haben.

Im Kaufjahr Ihrer Traumimmobilie übernehmen Sie den Steuerbetrag des Verkäufers. Wenn dieser in unserem Beispiel einen Steuerbetrag von $4.000,00 schuldet, dann gilt dieser auch für Sie als Käufer.

Im Rahmen der Abschlussrechnung der Kauftransaktion wird eine Aufteilung der Steuerlast auf Verkäufer und Käufer vorgenommen und zwar anteilig für das laufende Steuerjahr.

Sie haben als Käufer die Immobilie am 15. November übernommen und sind damit für die Zeit vom 15. November bis zum 31. Dezember des laufenden Jahres der Steuerschuldner.

Die Rechnung mit der fälligen Steuer wird erst im November zugestellt und kann frühestens nach Zustellung bezahlt werden.

In unserem Beispiel bedeutet es, dass Sie als neuer Eigentümer den Gesamtbetrag bezahlen, sobald die Steuerrechnung zugestellt wird. Im Rahmen der Immobilientransaktionsabrechnung erhalten Sie allerdings den Anteil des Verkäufers als Gutschrift auf Ihrer Abrechnungsseite dargestellt.

Unsere Beispielrechnung sieht wie folgt aus:

Jahres-Steuerbetrag = $4.000,00

Steuerbetrag wird auf Kalendertage aufgeteilt =

$4.000,00 / 365 = $10,96 pro Tag.

Verkäuferanteil vom 1. Januar bis 14. November =$10,96 * 318 Tage = $3.485,28

Sie als Käufer erhalten vom Verkäufer eine Gutschrift oder Reduktion (wie Sie es sehen wollen) in Höhe von $3.485,28 und bezahlen bei Fälligkeit der Immobilien-Steuer $4.000,00 an die zuständige Behörde des County.

Im Folgejahr wird als Steuerbemessungsbasis der Kaufpreis Ihrer Traumimmobilie von $190,000 zugrunde gelegt und Sie bezahlen eine geringere Steuer – in diesem Fall nur $3,800.

Der jeweils gültige Steuerbetrag wird Ihnen im Oktober/ November eines Jahres mitgeteilt und Sie werden als Nicht-US Bürgers gleichermaßen behandelt und erhalten gleichfalls den üblichen Nachlass auf Ihre Steuerschuld, wenn Sie vor dem 31. März des Folgejahres zahlen. Die Höhe des Nachlasses können Sie Ihrem Steuerbescheid entnehmen.

Sollten Sie mehrere Jahre Ihre Immobiliensteuer nicht bezahlen und Ihre Gründe sind in diesem Fall irrelevant, dann wird Ihre Immobilie nach drei Jahren nicht gezahlter Steuer in einer Steuerauktion verkauft. Um Ihr Investment davor zu schützen, ist es unbedingt erforderlich, dass Sie Ihre Immobiliensteuern jedes Jahrs zahlen.

Die Immobiliensteuer kommt überwiegend der jeweiligen Stadtverwaltung zu gute. Der Staat Florida erhält nur geringe Anteile. Der Großteil der Steuer wird für die Feuerwehr, Krankenhaus, Polizei und Schulen verwendet. Auch diese

Details werden auf dem Steuerbescheid klar deklariert, denn jeder Eigentümer hat das Recht zu wissen, wofür und zu welchem Anteil seine Steuergelder verwendet werden.

Sie haben zwischenzeitlich alle Ihre Fragen mit dem Immobilienspezialisten, Ihrem Steuerberater und Ihrem Anwalt besprochen. Mindestens einmal haben Sie alle Dokument zur Durchsicht erhalten und Ihre Anmerkungen und Korrekturwünsche der Titelgesellschaft mitgeteilt.

Jetzt läuft der letzte Countdown zum Abschluss (=Closing). Mindestens 48 Stunden vor dem geplanten Abschlussdatum erhalten Sie die letzte Version der Abschlussdokumente sowie die Abschlussabrechnung.

In dieser Abschlussabrechnung sind alle angefallenen Kosten und Gebühren, die im Zusammenhang mit dieser Transaktion entstanden sind, aufgelistet. Sie wissen genau, wieviel die Traumimmobilie Sie kosten wird. Diese Abrechnung ist final. Es kommen keine weiteren Rechnungen, wie dies in Deutschland der Fall ist, nachdem die Unterschriften vom Verkäufer und Käufer geleistet sind, das Geld ausgezahlt und die Schlüssel übergeben sind.

Die Details zu dieser Abrechnung werden im nächsten Kapitel etwas detaillierter beschrieben basierend auf unserem Transaktionsbeispiel.

Es ist soweit – der Abschluss der Transaktion (Closing)

Sie haben es geschafft! Der große Tag des Abschlusses (=closing) Ihrer Immobilientransaktion ist erreicht. Sie haben den Termin und Ort für die Unterschrift aller Immobiliendokumente erhalten. Sicher sind Sie jetzt aufgeregt, denn Sie werden nach diesem Termin der stolze Eigentümer Ihrer Traumimmobilie sein.

Die letzte Aufgabe, die jetzt noch offen ist, ist der letzte Durchgang durch Ihr neues Traumhaus. Dieser letzte Durchgang durch Ihr zukünftiges Domizil steht Ihnen zu.

Dieser Durchgang dient dazu, zu kontrollieren, dass alle vereinbarten Haushaltsgeräte vorhanden sind, dass das Badezimmer und die Küche nicht demoliert oder demontiert sind. Das keine Schäden vom Verkäufer an der Immobilie verursacht wurden, als er ausgezogen ist.

Ein solcher Durchgang erfolgt meist unmittelbar vor dem Abschlusstermin. Anschließend nach dem Durchgang begeben Sie sich gemeinsam mit Ihrem Agent zur Titelgesellschaft, bei der das Closing üblicherweise im Konferenzraum stattfindet.

Der Closing Agent der Titelgesellschaft empfängt alle beteiligten Parteien: den Verkäufer und den Käufer. Dieser Closing Agent ist in vielen Titelgesellschaften ein Real Estate Anwalt oder hat eine entsprechende Ausbildung in diesem Bereich, um Ihre offenen Fragen beantworten zu können. Er wird aber keine anwaltliche Beratung durchführen.

Der Closing Agent ist ein Angestellter der Titelgesellschaft. Während des Closings erläutert er alle Dokumente, die von der Titelgesellschaft bereitgestellt werden und beantwortet die auftretenden Fragen. Außerdem prüft der Closing Agent die Identifikationen des Verkäufers und des Käufers und beglaubigt während des Closings die geleisteten Unterschriften.

Häufig kommen auch die jeweiligen Immobilienprofis mit zum Closing und wohnen diesem bei. Dies ist aber nicht zwingende Vorschrift.

Ich halte als Immobilienspezialist dies allerdings für angebracht, beim Closing dabei zu sein. Es ist der krönende Abschluss der harten Arbeit und die Bezahlung der Agenten erfolgt sofort nach Beendigung des Closings.

Wenn alle Beteiligten anwesend sind und begrüßt wurden, erklärt der Closing Agent die unterschiedlichen Dokumente und lässt diese im Original von den Parteien unterschreiben.

Jede geleistete Unterschrift wird vom Closing Agent mit seinem Public Notary Siegel gesiegelt. Damit wird das Dokument rechtskräftig. Das Public Notary Siegel entspricht dem Siegelakt des Notars in Europa.

Es ist üblich, dass alle Dokumente mehrfach vorliegen, zum Beispiel liegt die Abschlussrechnung mindestens 6-fach vor und muss auch sechsfach unterschrieben werden. Kopierte Unterschriften werden häufig für das Recording in den öffentlichen Archiven nicht zugelassen.

Jeweils der Verkäufer und Käufer erhalten ein Original, ein Original bleibt bei der Titelgesellschaft, ein Original geht an die beteiligten Agent Büros, ein Original wird mit den restlichen Dokumenten bei Gericht eingereicht oder falls ein Darlehen besteht geht ein weiteres Original an den Darlehnsgeber.

Mit den übrigen Dokumenten – Titel, Darlehensunterlagen, Belastungsdokumente, etc. – wird in gleicher Weise verfahren.

Nachdem alle Dokumente unterschrieben und beglaubigt sind, werden die Schlüssel der Immobilie übergeben und die Geldmittel auf dem Treuhandkonto basierend auf der unterschriebenen Schlussabrechnung ausgezahlt. Das Closing ist damit beendet und die Parteien verabschieden sich.

Wir sind in unserem Beispiel davon ausgegangen, dass alle Beteiligten der Transaktion vor Ort sind. Es besteht allerdings auch die Option, dass Sie als Käufer ein Closing in Abwesenheit durchführen.

In diesem Fall werden die Dokumente per Post an den Käufer gesandt. Dieser muss mit dem gesamten Papierstapel zur nächsten gelegenen US-Vertretung gehen. Dort ist jedes Dokument an der gekennzeichneten Stelle zu unterschreiben und ein US-Beamte beglaubigt jede geleistete Unterschrift.

Dieses Verfahren ist bei einer Immobilientransaktion, bei der eine deutsche Immobilie in Abwesenheit verkauft wird ähnlich. In diesem Fall sind die entsprechenden deutschen Dokumente bei der zuständigen Deutschen Auslandvertretung zur Beglaubigung vorzulegen.

Die Transaktionsabrechnung

Kommen wir jetzt zurück zur Schlussabrechnung. Eine solche Abschlussabrechnung ist von der U.S. Department of Real Estate Housing and Urban Development (HUD) genau vorgegeben und trägt den Namen „Respa" Statement – (Real Estate Settlement Procedure Act).

Der Sinn dieser Abrechnung ist im Verbraucherschutz zu sehen, um genau das zu verhindern, was in Europa gang und gäbe ist.

Ich habe selbst einige Immobilien in Deutschland verkauft und diese Transaktionen hauptsächlich vom Ausland betreut, daher weiß ich, dass noch drei bis sechs Monate nach dem Notarvertrag und Zahlung des Kaufpreises Gebührenbescheide von diversen Stellen auftauchen. Das verzögert die Transaktion nicht nur erheblich, sondern macht es schwer die tatsächlichen Kosten der Transaktion im Auge zu behalten.

In den Vereinigten Staaten gibt es nur eine Abrechnung am Tag des Closings und diese Abrechnung ist final. Das Original einer solchen Abrechnung ist umfangreich und verwirrend und für die Darstellung in diesem Buch ungeeignet. Daher wird hier nur eine vereinfachte Darstellung (Broward/Dade) abgebildet.

Wenn Ihre Traumimmobilie in einem anderen County als Broward/Dade liegt, wird eine solche Transaktionsabrechnung in einigen Positionen differieren.

Wie Sie aus dieser schematischen Abrechnung entnehmen können, werden alle Gebühren und Kosten aufgelistet, die entweder vom Verkäufer oder Käufer im Rahmen der Immobilientransaktion zu bezahlen sind. Nach dem Closing sind alle rechtlichen Aktivitäten erledigt und Sie sind stolzer Eigentümer Ihrer Traumimmobilie.

Musterrechnung für unser Beispiel

Einfamilienhaus

mit 3 Schlafzimmern/3 Badezimmern, 1 Garage

Barkauf für $190.000,00

mit Abschlusstag 15. November 2014

Abrechnung	Käufer	Verkäufer
Kaufpreis	-$190.00,00	$190.000,00
Kommission an die Real Estate Agents (6 %)		-$11,400.00
Steuern für 2014 (Tax = $4.000,00)	$3.485,28 a)	-$3.485,28
Grundbuchauszug (title search)		-$90,00
Belastungssuche (lien search)		-$225,00
Titelversicherung (title insurance)	-$1.025,00	
Abwicklungsgebühr (closing service)	-$525,00	-$585,00
Dokumentenmarken (doc stamps = 0.60 % pro $100)		-$1.140,00
Urkundeneintragung (deed recording)	-$27,00	
Gesamtsumme vom Käufer zu zahlen	-$188.091,72	$173.074,72 b)

a) Gutschrift des Jahressteueranteils vom Verkäufer an den Käufer.
b) Gutschrift des Kaufpreises an den Verkäufer.

Kommen wir zu den einzelnen Positionen auf der Abrechnung. Um das Prinzip der Abrechnung zu verdeutlichen und es einfach verständlich zu halten, wird eine Bartransaktion dargestellt.

Die Einbeziehung von Darlehensauszahlung beim Käufer und Darlehnsablösung beim Verkäufer verkompliziert den Vorgang nur und bringt keine zusätzlichen Erkenntnisse.

Wie bereits erwähnt, bezahlen Sie Ihren Käufer Agent nicht. Ihr Agent wird vom Verkäufer bezahlt.

Im Rahmen der Vermarktungsvereinbarung (=Listing Vertrag) zwischen dem Verkäufer und dem Verkaufsoffice ist die Höhe der zu zahlenden Kommission für die Transaktion vereinbart worden. Diese Kommission wird fällig und ausgezahlt, sobald die Transaktion abgeschlossen (=geclosed) ist.

In dieser Vereinbarung ist auch festgelegt, dass die Kommission mit einem kooperierenden Agent – das ist in unserem Fall Ihr Agent - zu teilen ist.

Als Käufer sind Sie nicht Bestandteil dieser Vereinbarung und sind nicht berechtigt die Kommissionvereinbarung in irgendeiner Weise zu beeinflussen.

Dies ist nur ein kleiner Hinweis, weil ich über die Jahre schon das eine oder andere Mal einen solchen Versuch erlebt habe. Der Käufer versucht von seinem Agenten sich einen Teil der Kommission vergüten zu lassen. Ein solches Vorgehen ist illegal und kann rechtliche Konsequenzen für den Agenten und für den Käufer haben.

Mit dieser Kommission sind die Dienstleistungen Ihres Agenten im Zusammenhang mit Ihrer Immobilientransaktion abgegolten. Die Kommissionbeträge finden Sie in der entsprechenden Position in der Abrechnung.

Sollte Ihr Agent allerdings zusätzliche Leistungen erbracht haben, wie zum Beispiel ein Dokument für Sie zu übersetzen oder Botengänge zu erledigen, zu denen Sie als Käufer verpflichtet sind, steht ihm sehr wohl eine Aufwandsentschädigung oder ein entsprechendes Entgelt für seine Zeit und seinen Aufwand zu.

In der Abrechnungsposition Steuern wird der jeweilige Steueranteil des Verkäufers und des Käufers aufgelistet. Die im November fällige Steuerzahlung wird Tag genau aufgeteilt.

In unserem Beispiel ist die jährliche Gesamt-Steuerschuld $4,000,00. ($200.000,00 * 2% = $4.000,00). Der Abschluss findet in unserem Beispiel am 15. November statt.

Daraus ergibt sich die folgende Rechnung:

Das Jahr hat 365 Tage, vom 1. Januar bis 15. November sind es 318 Tage. Der Steuerbetrag beträgt für diese Periode $3.485,28.

Dieser Betrag ist die Steuerschuld des Verkäufers für das laufende Jahr. Zum Steuerzahlungszeitpunkt werden Verkäufer und Käufer voraussichtlich keine Verbindung mehr haben und eine teileweise Steuerzahlung ist nicht möglich. Der Verkäufer zahlt daher seinen Steueranteil an den Käufer und dieser Betrag wird innerhalb der Transaktionsabrechnung als Gutschrift vom Verkäufer an den Käufer dargestellt.

Die Steuerabrechnung, die im Oktober erstellt wird und ab November zahlbar ist, bekommt der neue Immobilieneigentümer. Dieser bezahlt den Gesamtbetrag, in diesem Fall $4.000,00.

Zu den Abschlusskosten zählen beispielsweise Titel und Lien Searches und basierend auf deren Ergebnis wird eine Titelversicherung ausgestellt. Wer die Kosten für diese Dienste im Rahmen des Closing übernimmt ist eine verhandelbare Vertragsbedingung. Die Titelgesellschaft wird die Kosten gemäß den Vertragsbedingungen in der Transaktionsabrechnung auflisten.

Die nächste wichtige Position auf der Abrechnung ist die Titel und Lien Search. Darunter ist die Untersuchung des Titels hinsichtlich bestehender Belastungen und Eigentümerwechsel zu verstehen. Die Details sind im Kapitel Titelgesellschaft beschrieben. Für diese Dienstleistung wird eine Pauschale oder auch Flat-Fee berechnet. Diese Kosten werden normalerweise vom Verkäufer bezahlt.

Nur in besonders dringenden Fällen, wenn zum Bespiel eine Transaktion unter 30 Tagen abgewickelt werden soll, fällt eine Zusatzgebühr für die Eilabwicklung an. Die reguläre Laufzeit für eine Titel- und Liensuche ist von Stadt zu Stadt unterschiedlich und ist nicht unter zwei bis drei Wochen zu erledigen.

Die Kosten für die Titeluntersuchung bezahlt – wenn im Vertrag nichts anderes vereinbart wurde – der Verkäufer. Die Kosten der Titelversicherung (=title insurance) wird meist vom Käufer bezahlt.

Mit dieser Versicherung wird das Risiko abgesichert, dass gegebenenfalls eine noch offene Forderung des Verkäufers auftaucht, die bei der Titeluntersuchung noch nicht bekannt war und auf das Grundstück eingetragen wird.

In diesem Fall sind Sie als neuer Eigentümer nicht für diese Forderung verantwortlich und die Titelversicherung begleicht diese Forderung und sorgt für die Löschung einer eventuell erfolgten Eintragung.

Bei der Abwicklungsgebühr handelt es sich um die Arbeitsleistung der Titelgesellschaft und die Erstellung der notwendigen Immobilienübertragungsunterlagen, Kopieren, Postversand zum Gericht etc. Diese Kosten werden von beiden Vertragsparteien gezahlt, weil beide Parteien entsprechende Leistungen erhalten. Die Dienste für die Verkäuferseite sind meist etwas aufwendiger und verursachen daher höhere Kosten.

Der „Deed" ist die Grundstücksurkunde. In dieser Urkunde wird dargelegt, wer Verkäufer ist, wer Käufer, zu welchem Preis die Immobilie an welchem Tag verkauft wurde. Für dieses Deed Dokument sind sogenannte Dokumentenmarken zu bezahlen. Die Kosten gehen zu Lasten des Verkäufers und betragen 0.70 % pro $100,00 vom Kaufpreis.

In unserem Beispiel ist der Verkaufspreis $190.000,00 und die Dokumentenmarken kosten $1.330,00.

Die Position Survey – das ist die Landvermessung – wird nur dann in der Abrechnung auftauchen, wenn Sie als Käufer die Titelgesellschaft beauftragt haben, für eine Survey zu sorgen. In diesem Fall werden diese Kosten auf der Käuferseite aufgelistet.

Viele Käufer veranlassen eine Landvermessung in eigener Verantwortung und bezahlen dementsprechend die Kosten auch separat aus eigener Tasche. In dem Fall werden diese Kosten selbstverständlich nicht in der Transaktionsabrechnung auftauchen.

Auch wir sind in unserem Beispiel davon ausgegangen, dass Sie als Käufer die Survey auf eigene Kosten veranlassen und daher ist diese Position nicht die Transaktionsabrechnung aufgenommen worden.

Mit der Position Recording Deed sind die Kosten für die Eintragung der Eigentumsübertragung von dem Verkäufer auf den neuen Eigentümer gemeint. Diese Kosten sind eine Pauschale vom Court (=Amtsgericht vergleichbar).

Wenn die Immobilie nicht bar bezahlt wird, sondern Sie für die Bezahlung eine Darlehnsfinanzierung benötigen, sind von Ihnen als Käufer noch weitere Recording Kosten zu berücksichtigen. Diese Kosten sind von der Höhe des Darlehens abhängig und werden hier nur aus Vollständigkeitsgründen genannt. Auf diese Kosten wurde bereits in einem der vorherigen Kapitel hingewiesen.

In unserer Beispielabrechnung werden diese Kosten nicht einbezogen, weil unser Beispiel eine Bartransaktion ist.

Der Schwerpunkt in diesem Buch ist eine Immobilientransaktion aus Sicht des Käufers, daher werden die Einträge, die sich auf Seiten des Verkäufer noch ergeben könnten, wie zum Beispiel die Rückzahlung eigener Darlehen und offene Forderungen hier nicht detailliert untersucht.

Zum besseren Verständnis sind die Einzelbeträge so geordnet und strukturiert, dass der Rechenweg klar wird. In der Realität ist es immer sinnvoll, auftretende Fragen zur Abrechnung mit dem eigenen Agent und der Titelgesellschaft zu besprechen.

Gratulation!

Sie sind jetzt stolzer Traumimmobilieneigentümer und können dieses Ereignis jetzt gleich in Ihrem Haus oder Kondominium feiern.

Sie haben Ihre Ziel „Ihre Residenz im Paradies" erfolgreich verwirklicht.

Wie geht es jetzt weiter?

Das hängt jetzt von Ihren Wünschen und Zielen ab. Sie können Ihre neue Traumimmobilie selbst bewohnen, umbauen, renovieren, erweitern, einen Pool bauen, wenn Sie keinen haben, und und und…..

Wenn Sie Ihre Traumimmobilie allein bewohnen wollen als Ferienwohnsitz, dann gestalten Sie sich Ihr Heim nach Ihren Wünschen.

Machen Sie Pläne, wann Sie hier sein wollen und genießen Sie jeden Tag am Strand und in der schönen Sonne Floridas. Wandern Sie am Strand durch den feinkörnigen weißen Sand und werfen Sie sich in die Fluten – was immer Sie wollen.

Wie wär's mit einem Tauchkurs? Erleben Sie die bunte Unterwasserwelt an den Küsten Floridas. Vielleicht haben Sie ja Glück und Sie finden ein gesunkenes Wrack aus der Spanier Zeit und mit diesem einen Schatz.

Sie glauben das gibt es nicht. Doch ganz sicher. Erst im Juli 2014 ist wieder ein Goldschatz vor die Ostküste von Florida gefunden worden. Als Finder steht Ihnen ein nicht unerheblicher Anteil an dem Schatz zu.

Vielleicht steht Ihnen ja mehr der Sinn nach einer Bootsfahrt. Auch kein Problem. Es gibt viele Boote, die Sie mieten können mit und ohne Kapitän. Oder wenn Sie noch Geld übrig haben, kaufen Sie sich Ihr eigenes Boot.

Hier ist alles möglich und das Beste ist, Sie haben immer Ihr eigenes Heim, zu dem Sie zurückkehren und zahlen keine Hotelkosten mehr.

Eine andere Alternative ist es, dass Sie Ihr Haus während Ihrer Abwesenheit vermieten. Ganz besonders in den

Feriengebieten kann dies eine gute Möglichkeit sein, ein kleines Einkommen zu erzielen und entstehende Kosten, wie zum Beispiel die Pflege des Rasens und der Büsche sowie die jährliche Immobiliensteuer, zu begleichen.

Wenn Sie Ihre Immobilie als Ferienwohnung vermieten, sind in dem Mietpreis für die Immobilie alle Kosten einzurechnen.

Dazu zählen Strom, Wasser, Abwasser, Internet, Kabel-TV und Müll. Die Kosten zahlen Sie als Eigentümer und Vermieter von Ihrem Konto und rechnen diese Kosten in den Mietpreis ein. Das ist einfacher zu handhaben, weil Ihr Mieter in diesem Fall nur einen festen Mietpreis bezahlt und Sie die diversen Kosten nicht im Detail deklarieren müssen.

Für Kurzzeitvermietung – dazu zählt jede Vermietung die kürzer als 6 Monate ist – wird die sogenannte Sale Tax fällig.

Diese Sale Tax ist vergleichbar der Mehrwertsteuer in Europa und beträgt normalerweise 6 % des Mietbetrages für die Mietperiode.

Diese Steuer wird vom jeweiligen County festgelegt, in dem Ihre Traumimmobilie liegt und die Überprüfung des geltenden Steuersatzes ist unbedingt notwendig. Sie wollen doch sicher diese Kosten nicht aus eigener Tasche bezahlen, sondern auf den Mietpreis umlegen.

Als kleines Beispiel:

Sie vermieten Ihre Traumimmobilie für $3.000,00 im Monat alles inklusive. Die Sale Tax in Broward County beträgt in diesem Fall $180,00.

Die jeweilige Sale Tax Höhe ist County abhängig und liegt entweder bei 6 % in Broward oder bei 7 % in Dade County and Palm Beach.

Mit den Einnahmen der Sale Tax und den Mieteinnahmen werden Sie in den Vereinigten Staaten steuerpflichtig. Welcher Steuersatz für Ihre Einnahmen anzusetzen ist, wird Ihnen Ihr Steuerberater sagen können.

Nach meiner Erfahrung ist die fällige Steuer auf das erzielte Einkommen geringer als in Europa.

Der fällige Steuerbetrag wird beeinflusst von den abzugsfähigen Kosten. Dazu zählen Kosten, die Ihnen als Vermieter entstehen wie zum Beispiel Reparaturen und die jährliche Immobiliensteuer, Vermarktungskosten und so weiter. Dies ist nur eine kurze Aufzählung und erhebt keinen Anspruch auf Vollständigkeit.

Wie Sie aus Ihrem Heimatland wissen, ändern sich die Steuergesetze ständig und es ist daher unbedingt erforderlich einen Steuerberater vor Ort zu konsultieren.

Deutsche Steuerberater sind meist nicht vertraut mit den Steuergesetzen in den Vereinigten Staaten und können Ihnen nicht die korrekten Antworten auf Ihre Fragen geben. Wenn Sie einen Kontakt für diese Dienste benötigen, können Sie uns gern kontaktieren.

Weiterhin ist eine Vertrauensperson vor Ort notwendig, die Ihre Feriengäste in Empfang nimmt und für die Betreuung der Immobilie während Ihrer Abwesenheit sorgt. Diese Person kontrolliert den Zustand der Immobilie, veranlasst Reparaturen falls erforderlich und kontrolliert den Eingang der Mieteinnahmen.

Solche Dienstleistungen dürfen aufgrund der Real Estate Gesetze nur von lizensierten Immobilienfachkräften übernommen werden.

Wenn Sie Ihren guten Freund damit beauftragen, macht sich dieser gegebenenfalls strafbar, wenn er keine Real Estate Lizenz in Florida hat. Das wollen Sie sicher nicht riskieren.

Lizensierte Real Estate Professionals müssen nach strengen gesetzlichen Regularien arbeiten und können bei Verfehlungen relativ einfach vom Staat kontrolliert und bestraft werden.

Außerdem werden von der Florida Real Estate Kommission auch unregelmäßige Kontrollen der Immobilienbüros durchgeführt und die Bücher werden überprüft. Diese Prüfungen dienen dem Schutz des Verbrauchers; für die Steuerbehörden werden eigene Überprüfungen durchgeführt.

Vielleicht betrachten Sie Ihre Immobilie ausschließlich als Investment und wollen es stets für einen Zeitraum länger als sechs Monate vermieten. Auch das ist leicht möglich.

In diesem Fall sind einige Besonderheiten zu beachten. Die Sale Tax fällt weg, allerdings bezahlen Sie als Vermieter in diesem Fall meist nicht die verbrauchsabhängigen Kosten Ihrer Immobilie.

Verbrauchsabhängige Kosten sind zum Beispiel Strom, Wasser und Abwasser. Die Müllgebühren sind häufig bei den Wassergesellschaften mit in den Kosten enthalten. Ihr Mieter meldet sich in diesem Fall direkt bei der jeweiligen Versorgungsgesellschaft an und trägt die monatlichen Kosten selbst.

Als kleine Vorsichtsmaßnahme bei einer längerfristigen Vermietung ist allerdings ein entsprechender Kreditcheck und Personencheck – auch als Backgroundcheck bekannt - des potentiellen Mieters anzuraten. Bei diesem Backgroundcheck finden Sie schnell heraus, ob Ihr potentieller Mieter als Mietnomade bekannt ist oder in der Drogenszene zu Hause ist. Solche Mieter werden Sie sicher nicht gern in Ihrer Immobilie beherbergen wollen.

Bei diesem Kredit- und Personencheck hat der potentielle Mieter persönliche Informationen bezüglich seiner finanziellen Situation bereitzustellen und diese Angaben werden bei den 3 Kreditbüros, die auch bei der Mortgage-vergabe von den Kreditgebern genutzt werden, überprüft.

Außerdem wird ein Backgroundcheck auf unterschiedlichen Datenbanken durchführt, um festzustellen, ob gegen den Mieter strafrechtliche Dinge bekannt sind oder ob er in irgendeiner Weise auffällig geworden ist in der Vergangenheit.

Diese Überprüfung steht dem Vermieter zu und ist vom Mieter zu dulden, wenn dieser an einer Anmietung Ihrer Immobilie interessiert ist.

Die Kosten für diese Überprüfung sind verhandelbar. Da der Vermieter den Sicherheitsnutzen hat, ist es allerdings empfehlenswert die Kosten als Vermieter zu tragen.

Sollte Ihr Vermietungsobjekt in einer Eigentümergemein-schaft liegen, erledigt die Verwaltungsgesellschaft diese Backgroundchecks und die Kosten für diese Überprüfung sind von den potentiellen Mietern direkt an die Association bei der Mietapplikation zu zahlen.

Bei der Miethöhe für eine Immobilie gibt es in der Regel keine staatliche Beeinflussung. Mietkappung oder Miet-deckelung wie dies zum Beispiel neuerdings in Deutschland angedacht ist, gibt es in den Vereinigten Staaten nicht.

Es herrscht der freie Mietmarkt. Wenn Sie allerdings die Miete zu hoch berechnen, dann werden Sie als Vermieter leider keinen zahlungswilligen Mieter finden. Es ist daher wie überall ein gewisses Augenmaß angebracht.

Auch bei der Beendigung eines Mietverhältnisses haben Sie es etwas einfacher. Die Mietzahlungen sind gewöhnlich am ersten eines jeden Mietmonats fällig und müssen spätestens am dritten des Monats dem Vermieter vorliegen.

Sollte mehr als eine Monatsmiete nicht gezahlt werden, hat der Vermieter das Recht eine einmalige Zahlungsfrist von einer Woche zu gewähren. Erfolgt dann immer noch keine Zahlung, wird das gerichtliche Räumungsverfahren beantragt und die Räumung per Gerichtsbeschluss durchgesetzt.

Für die Durchführung des gerichtlichen Räumungsbefehls wird übrigens die Hilfe des Sheriffs oder der Polizei in Anspruch genommen. Das Räumungsverfahren ist wesentlich schneller und nervenschonender.

Für alle weiteren Details zu Vermietungen ist Ihr Immobilienspezialist der richtige Ansprechpartner und wird Ihnen sicher mit Rat und Tat zur Seite stehen.

Ein kleines Wort zum Abschluss

Fühlen Sie sich schon als stolzer Eigentümer Ihrer Traumimmobilie – auch wenn Sie es jetzt erst als Trockenübung erlebt haben?

In der Realität wird es sich noch viel besser anfühlen. Sie haben etwas, dass Sie sehen und anfassen können und das Ihnen auch noch Einnahmen beschert entweder in Form von Miete oder als Wertsteigerung.

Ihre Traumimmobilie kann Ihre Ferienoase sein, Ihr Einkommensproduzent oder auch ein Sparschwein, das langfristig an Wert zunimmt.

Das Ihr Haus eine Ferienoase sein kann, haben wir bereits in diesem Buch beschrieben. Auch die Einkommensproduktion ist bereits erläutert worden. Aber wie kann Ihre Immobilie auch ein Sparschwein sein, fragen Sie sich jetzt sicher.

Ganz einfach, wenn Sie Ihre Traumimmobilie heute kaufen, kaufen Sie diese zu einem Marktwert, der weitaus niedriger ist als in den Jahren vor dem Platzen der Immobilienblase in den Vereinigten Staaten.

Der damals (2008) eingetretene Wertverlust ist bis heute noch nicht wieder aufgeholt und es ist noch reichlich Marktwertsteigerungspotential vorhanden.

Immobilien haben den Vorteil, dass sie eine stabile Wertanlage sind und langsam aber stetig an Wert zunehmen. Die minimale Wertsteigerungsrate ist 3% im Jahr, aber nach einer Immobilienblase wie dies in 2008 der Fall war, liegen die Steigerungsraten auch wesentlich höher.

Außerdem ist das Bauland für Immobilien ganz besonders in den bevorzugten Lagen in Südost-Florida äußerst knapp und auch dies wird zu Preissteigerungen der vorhandenen und neu entstehenden Immobilien führen.

Das für die lokale Ökologie notwendige Naturschutzgebiet der Everglades schränkt die Ausdehnung und die Entwicklung der Metroregion Miami/Fort Lauderdale stark ein, sodass die Neubauprojekte davon beeinflusst werden. Dies sorgt so für die Steigerung der Immobilienwerte bei.

Wenn Sie heute eine Immobilie erwerben, wird sich deren Wert aufgrund dieser Fakten kontinuierlich erhöhen.

Meine Marktuntersuchungen seit dem Platzen der Immobilienblase zeigen, dass die durchschnittlichen Verluste der Immobilienwerte von 50 % bis 60 % in 2008 noch längst nicht wieder aufgeholt sind. Im Schnitt liegen die Immobilienmarktwerte noch immer weit unter den Höchstwerten von 2005/2006. Es lohnt sich daher noch immer, jetzt in diesen Markt einzusteigen.

Die Marktentwicklung ist allerdings im stetigen Aufwärtstrend und die ehemaligen Verluste werden mehr und mehr aufgeholt. Dieser allgemeine Trend ist allerdings von Region zu Region sehr unterschiedlich. Es gibt daher immer noch sehr lukrative Schnäppchen floridaweit.

Ein weiterer Vorteil für Sie ist der Umrechnungskurs zwischen US-Dollar und Euro. Der Kurs schwankte zwischen $1.06 bis $1,40 in den letzten Jahren. Das bedeutet, dass Sie beim Immobilienkauf für ein Haus im Wert von $200.000,00 nur 160.000,00 Euro bezahlen würden bei einem Umrechnungskurs von $1,25.

Auch bei einem späteren Wiederverkauf der Immobilie haben Sie einen Vorteil. Wenn Ihre Immobilie einen bestimmten Verkaufspreis nicht überschreitet, fallen nach heutigen Steuergesetzen in den Vereinigten Staaten keine Gewinnsteuern an.

Allerdings ist eine entsprechende Meldung über den Verkauf der Immobilie bei den Steuerbehörden erforderlich. Es muss das sogenannte Steuerdokument „Foreign Investment in Real Property Tax Act – FIPTA" - eingereicht werden.

Dieses Dokument wird ebenfalls von der Titelgesellschaft vorbereitet, wenn Sie der Verkäufer der Immobilie sind. Es ist empfehlenswert, mit Ihrem eigenen Steuerberater Rücksprache zu halten, um diesen Vorgang leichter und einfacher abzuwickeln. Er wird versuchen Ihre Steuerzahlung so gering wie möglich zu halten oder ganz zu vermeiden.

Hier eine kleine Statistik:

Einfamilienhaus in Fort Lauderdale(Durchschnittspreis)			
	Basic	Mit Pool	Mit Wasserfront und Pool
2005	$204.870,00	$322.555,00	$531.808,00
2008	$119.509,00	$133.948,00	$146.761,00
2011	$100.085,00	$214.731,00	$408.226,00
2014	$150.718,00	$245.511,00	$445.146,00

Bitte machen Sie nicht den Fehler, zu denken „ich habe schon viele Immobilien in Deutschland oder Spanien oder Österreich gekauft und verkauft, da werde ich doch wohl eine Immobilie in Florida auf eigene Faust kaufen oder verkaufen können. Außerdem will ich kein Geld für einen Makler ausgeben, die haben eh' weniger Ahnung als ich!‟

Bei dem Verkauf oder Kauf Ihrer Immobilie ist mehr zu beachten, als nur das Closing durchzuführen, das Geld einzustreichen und das Land zu verlassen.

Das Ziel dieses Buches ist es, Ihnen einen Überblick über eine normale einfache Transaktion zu geben. Es soll Ihnen Klarheit darüber vermitteln, dass eine solche Transaktion einfach und bequem, und trotzdem besonders und einzigartig ist.

Jede Traumimmobilie hat individuelle Umstände und Bedingungen, die Ihre Immobilientransaktion beeinflussen und verkomplizieren kann. Dieses Buch ist daher auf keinen Fall als ein Do-It-Yourself-Ratgeber zu verstehen.

Sie werden vertrauensvolle Partner für Ihre Immobilientransaktion vor Ort benötigen, damit Sie nicht im Immobiliendschungel verloren gehen und mehr Geld ausgeben als Sie wollen. Das Geld soll schließlich in Ihrer Tasche landen oder besser bleiben.

Ihr wichtigster Verbündeter ist Ihr Immobilienspezialist, der Ihnen mit seiner Erfahrung und seiner Kompetenz zur Seite steht. Er wird die richtige Traumimmobilie zum besten Preis finden und seine Dienste kosten Sie als Immobilienkäufer nichts. Der Verkäufer ist in Florida verantwortlich für die Kommissionzahlung in einer Immobilientransaktion.

Für Ihre rechtlichen Fragen werden Sie einen Anwalt für Immobilienrecht benötigen und für Ihre Steuerfragen ist ein Steuerberater mit Erfahrung im internationalen Steuerrecht der richtige Ansprechpartner.

Jeder von diesen Professionals ist ein Spezialist ausschließlich auf seinem Fachgebiet und keiner wird sich auf das Fachgebiet des anderen begeben und dessen Aufgaben übernehmen.

Das bedeutet für Sie, dass ein Anwalt keine Steuerfragen beantworten wird und der Steuerberater keine Rechtsberatung erteilt.

Außerdem wird ein Anwalt Ihnen keine Traumimmobilien suchen und anbieten, er kann allerdings als Titelgesellschaft dienen.

Wenn Sie eine umfassende Rechtsberatung von dem Anwalt der Titelgesellschaft im Rahmen einer Immobilientransaktion erwarten, erhalten Sie dies nur im Rahmen einer separat abgerechneten Dienstleistung und nicht als Beigabe der Transaktionsabwicklung.

Alle Professionals sind selbstständig und unabhängig und dürfen keine Vermittlungsgebühr zahlen, erhalten oder berechnen. Eine Vermittlungsgebühr für solche Dienste ist illegal und unter Vermittlungsgebühr wird häufig schon eine Flasche Sekt oder ein Blumenstrauß verstanden.

Sie werden daher um ein Team von Spezialisten nicht herumkommen und Ihr Real Estate Professional ist der Dreh- und Angelpunkt in diesem Team. Er wird Ihnen erfahrene Partner vorstellen können und Sie wählen sich den für Sie passenden Partner aus.

Sind Sie interessiert auf die Suche nach Ihrer Traumimmobilie zu gehen?

Wenn ja – wir sind hier und helfen Ihnen gern.

Unsere Webseiten mit vielen Detailinformationen und Immobiliendaten finden Sie unter diesen Adressen:

Florida Informationen: www.florida-informations.com, email: info@florida-informations.com

Traumimmobilien: www.florida-dream-homes.net, email: andrea@florida-informations.com

Autorenwebseite: www.andreahoffdomin.com, email: andrea@florida-informations.com

Wenn nein – dann bedanken wir uns für Ihr Interesse an diesem Buch und Sie sind immer willkommen mit Ihren Fragen und Anregungen.

Wenn Florida nicht Ihr Traumziel ist, dann interessieren Sie sich eventuell für die anderen Bücher der Autorin:

- Secrets of the Caribbean Islands – Cayman Islands

- Secrets of the Caribbean Islands – Jamaica

- Oder unsere Bildbände über Grand Cayman und Jamaica

Wir stehen auch gern als Keynote Speaker für Veranstaltungen und internationaler Immobilienspezialist mit Schwerpunkt Amerika und Europa zur Verfügung.

Viele Grüße aus dem Sunshine State Florida!

www.ingramcontent.com/pod-product-compliance
Lightning Source LLC
Chambersburg PA
CBHW050505210326
41521CB00011B/2339